kosmos

KOSMOS
HUNDE
BIBLIOTHEK

SASKIA BRIXNER

DALMATINER

HALTUNG, ERZIEHUNG UND SPORT

EXPERTENRAT FÜR DEN HUNDEHALTER

KOSMOS

Im Innenteil mit 94 Farbfotos von: Borckenstein-Quirini (12: S. 8u, 9, 17, 34, 52, 58u, 63o,75, 77, 79o, 100, 107), Erdmann (10: Frontispitz, S. 11, 31, 45, 60, 62, 78u, 85, 102, 116), Hilgers (1: S. 108), Höller (6: S. 18, 32 o, u; 39, 67, 117), IPO (6: S. 44, 49, 50, 51, 66, 90), Juniors Bildarchiv (9: Schanz: S. 21, 33, 54, 55, 57, 58o, 79u, 99, 115), Krämer (1: S. 81), Lau (5: S. 10, 72, 73o,u; 74), Mayer (3: S. 36, 39o, 78o), Roppelt (1: S. 91), Schanz (2: S. 46, 56), Steimer (24: Vor- und Nachsatz, S. 7, 8o, 16, 19, 26, 27, 28, 30, 38, 40, 41, 53, 59, 68o,u; 76, 96, 103, 110, 113, 114, 118, 119), Stuewer (2: S. 21, 63u), Toischel (4: S. 14, 69, 70, 71), Ulixes (6: S. 5, 29, 37, 65, 109o,u), Wolf (1: S. 61).

Umschlaggestaltung von Norbert Deppe, Herrenberg-Oberjesingen unter Verwendung von 5 Farbaufnahmen von Reinhard (U1), Borckenstein-Quirini (U4 oli), Steimer (U4 ore), Juniors: Schanz (U4 uli), Erdmann (U4 uli).

Schwarzweißabbildungen von Milada Krautmann. Die historischen Abbildungen auf S. 12, 13 wurden dem Kosmos Buch »Enzyklopädie der Rassehunde« Bd. 1 von Hans Räber entnommen, die beiden Vignetten S. 15 o,u dem Kosmos Buch »Der Dalmatiner« von Eleanor Frankling.

Der Fragebogen S. 22 wurde von der Hundeexpertin Elisabeth Petzina entworfen. Dieter Schulte-Wörmann, Hundeausbilder und Fachreferent für Pferdebegleithunde, schrieb das Kapitel »Der Dalmatiner als Reitbegleithund«. Bei Kosmos ist von ihm bereits der Ratgeber »Mit Hund und Pferd unterwegs« erschienen.

Alle Angaben in diesem Buch sind sorgfältig geprüft und geben den neuesten Wissensstand bei der Veröffentlichung wieder. Da sich das Wissen aber laufend weiterentwickelt, muß jeder Anwender selbst prüfen, ob die Angaben nicht durch neuere Erkenntnisse überholt sind. Dazu muß er z. B. bei Behandlungsvorschlägen den Tierarzt konsultieren, Beipackzettel zu Medikamenten lesen, Gebrauchsanweisungen und Gesetze befolgen.

Für Zuchtzulassungskriterien, Ausstellungsrichtlinien, Rassestandards usw. sind die aktuellen Bestimmungen der Verbände maßgeblich.

Die Deutsche Bibliothek –
CIP-Einheitsaufnahme

Dalmatiner : Haltung, Erziehung und Sport; Expertenrat für den Hundehalter / Saskia Brixner. – Stuttgart: Kosmos, 1998
(Kosmos-Hundebibliothek)
ISBN 3-440-07407-2

ISBN: 3-440-07407-2
Lektorat: Ute-Kristin Schmalfuß
Herstellung: Kirsten Raue
Printed in Czech Republic/Imprimé en République tchèque
Satz: Punkt Komma Strich, Deizisau
Druck und buchbinderische Verarbeitung: Těšínská Tiskárna, Český Těšín

Dalmatiner

Die Autorin beim Besuch einer Züchterin

1. Karriere made in USA 7

2. Geschichtlicher Rückblick 12
Geheimnisvolle Herkunft 12
Vom Jäger zum Feuermelder 15

3. Überlegungen vor dem Kauf 19
Drum prüfe, wer sich ewig bindet 19
Rüde oder Hündin? 20
Fragebogen 22
Welcher Welpe ist »der Richtige«? 26
So finden Sie einen guten Züchter 27
Wenn der Neue ein »Alter« ist 30

4. Eingewöhnung im neuen Heim 31
Ein Dalmatiner aus zweiter Hand 31
Neugier hilft gegen Trennungsschmerz 33
Einzug im »tierischen« Haushalt 34
My home is my castle 35

5. Die richtige Pflege 36
Mikrochip oder Nummer im Ohr? 36
Das Einmaleins der Hundepflege 37
Liebe geht (nicht immer) durch den Magen 40
Fertigfutter ist nicht gleich Fertigfutter 42
Mahl-»Zeiten« 42
Das »kleine« Zwischendurch 43
Richtig abgespeckt 44

6. Kleiner Hundeknigge 46
Kein Ärger mit dem »Geschäft« 47
Erste Lektionen in der Hundeschule 48
Der »verlängerte Arm« 51

Auch Spaß muß sein 52
Flegeljahre 54
Allein, aber nicht einsam 55
Angsthasen werden nicht geboren 56
Hundeschule für Kids 57

7. Kleine Verhaltenskunde 60
Kluge Hunde schlafen viel 60
Der richtige »Riecher« 62
Hunde sprechen mit dem Körper 62
Lachhaft oder typisch Dalmatiner? 65

8. Freizeitvergnügen und Beruf(ung) 66
Der Dalmatiner als Reitbegleithund 67
Übungen und Variationen im Hindernisparcours 70
Agility 72
Vierkampf 74
Geländelauf 74
Frisbee 74
Flyball 75
Skijöring 75
Jagdbegleiter 76
Vierbeiniger Helfer 76
Reisespaß mit Hund 77
Hundesitter 82

9. Vorbeugen ist besser als Heilen 85
Kinder- und andere Krankheiten 85
Würmer 87
Therapie 88
Ungeziefer 89
Flohallergie 89
Zecken 90
Milben 92
Kastration 93
Erste Hilfe 93
So »rutschen« Medikamente besser 95
Zahnvorsorge 95
Alternative Heilmethoden 96
Krankheitsanfälligkeiten 97
Taubheit 97
Uratsteine 98
Hautprobleme 99
Hüftgelenksdysplasie (HD) 99

10. Ausstellungen 100
Spieglein, Spieglein an der Wand... 100
Titelvoraussetzungen 101
Kleine »Tupfenkunde« 102
Rassestandard Dalmatiner 105

11. Zucht 107
Verbessern statt vermehren 107
Voraussetzungen 108
So passiert »es« 110
Auch Hunde kommen in die Pubertät 110
Läufigkeit 111
Scheinträchtigkeit 112
Endlich ist es soweit 112

12. Wenn Dalmatiner in die Jahre kommen 115
Der letzte Weg 117

13. Ihr gutes Recht 118
Haftpflichtversicherung 119
Tierkrankenversicherung 120

14. Anhang 121
Verbände 121
Wichtige Adressen 122
Literatur 125
Zeitschriften 126
Register 126

KAPITEL 1

Karriere made in USA

Von wegen »feine Pinkel«: Wir sind erdverbundene Naturburschen, die viel Action brauchen!

Trotz seines auffälligen Äußeren führte er lange Jahre eigentlich ein Schattendasein. Als »feiner Pinkel« und »Rolls Royce« unter den Hunden verschrien, machte der Dalmatiner zwar auf Werbeplakaten Meinung und prangte neben zweibeinigen Schönheiten auf den Titelseiten von Modemagazinen, so richtig »in« aber war er eigentlich nicht. Er galt als Luxusgeschöpf für Snobs, und den wenigen wirklichen Kennern dieser Rasse war auch nicht daran gelegen, aus dem Musterknaben einen Trendsetter zu machen. Doch plötzlich entdeckten die Walt-Disney-Studios ein zweites Mal die Geschichte der *101 Dalmatiner*, und das unbeachtete Mauerblümchen wurde über Nacht wieder bekannt wie ein »bunter Hund«. Die Story der zickigen *Cruelle de Vil*, die sich aus den ge*dog*nappten Welpen des Dalmatinerpärchens *Pongo* und *Perdy* einen Pelzmantel schneidern will, hatte sich einst Dodie Smith ausgedacht. Sie war selbst stolze Dalmatinerbesitzerin und Mitglied des britischen Dalmatiner Clubs. Doch während 1961 nur 101 quicklebendige Zeichentrickfiguren über die Leinwand sprangen, waren es 1997 richtige Hunde. Und da die Filmarbeiten rund sechs Monate dauerten und die Welpen weit schneller wuchsen als

Kleiner Ringkampf gefällig?

Gibst Du mir auch was?

gedreht werden konnte, spielten schließlich nicht 101, sondern über 200 Dalmatiner mit. Weil Cheftrainer Gary Gero Wert darauf legte, daß nicht extra für den Film Darsteller gezüchtet wurden, suchte man per Zeitungsannoncen nach Welpen von privaten Haltern. 13 Trainer beschäftigten sich zwei Wochen zu Hause mit den Hundebabys, bevor sie zusammen mit ihren Besitzern in die Shepperton-Studios zu den Dreharbeiten kamen.

Die Werbetrommeln für den Film haben den Dalmatiner wieder in die Schlagzeilen gebracht und sein Image aufpoliert. Eine Popularität, die Dalmatinerfreunde mit Besorgnis sehen. Denn dieser Hund stellt an seinen Besitzer ganz andere Ansprüche, als es sein schickes Outfit vermuten läßt. Und die Medaille des Erfolges hat noch eine zweite Kehrseite: Wenn die Nachfrage nach einer Rasse größer wird als die Zahl der Welpen, gibt das Hundehändlern und »wilden«

Dalmatiner sind immer für ein fröhliches Spiel zu haben.

Züchtern die Gelegenheit, auf Kosten der Tiere ein gutes Geschäft zu machen. Verantwortungslos setzen sie Elterntiere zur Zucht ein, die wegen angeborener Fehler und Krankheiten vom Verband nie eine Zuchterlaubnis erhalten würden, und machen aus verantwortungsvoller Hundezucht eine unverantwortliche Massenvermehrung.

Eine bittere Erfahrung, die so manche In-Rasse nach ihrer plötzlichen Popularität machen mußte. Denn was heute im Trend liegt, ist morgen oft schon wieder »out«. Zurück bleiben zahlreiche ungeliebte Lebewesen, die irgendwann auf der Straße oder im Tierheim landen. Mit der Entscheidung, sich einen Hund als vierbeinigen Partner ins Haus zu holen, ist immer eine große Verantwortung verbunden. Dessen sollte man sich doppelt bewußt sein, wenn man sich für eine Rasse entscheidet, die gerade im Aufwärtstrend liegt.

Der Dalmatiner ist kein Hund, der sich bei jedermann anbiedert. Dennoch liebt er Menschen und faßt schnell Vertrauen zu ihnen. Zwar wird aus ihm nie ein richtiger Wachhund, aber er weiß seine Familie im Notfall zu beschützen. Der Dalmatiner ist ausgesprochen intelligent, ohne jedoch übereifrigen Lernwillen an den Tag zu legen. Er ist kein unterwürfiger Befehlsempfänger, sondern will den Sinn dessen, was von ihm gefordert wird, auch begreifen können. Daher paßt er sich der strengen Disziplin von Unterordnungs-Wettbewerben nur ungern an und ist damit kein Fall für Hundehalter, denen Drill und Ordnung über alles gehen. Ein Dalmatiner kann durchaus auch einmal allein bleiben, aber nur, wenn er zum Ausgleich ausgiebige Schmusestunden bekommt. Da er sehr anhänglich ist, sollte man ihn auf keinen Fall länger als ein paar Stunden allein lassen. Dieser sanfte Hund braucht das Zusammensein mit seiner Familie, das

Slalom ist eine schwierige Agility-Übung, die viel Geschicklichkeit erfordert.

innige Verhältnis zu seinen Menschen, ganz gleich, ob es sich um eine Einzelperson oder eine ganze Familie handelt. Er liebt alle seine Rudelmitglieder und zeigt es auch. Im Gegenzug möchte er als vollwertiges Familienmitglied behandelt werden, an den Familienaktivitäten teilnehmen und am liebsten überall dabeisein. Er stellt an seinen Besitzer also auch einen gewissen sozialen Anspruch. Meist bleibt er bis ins hohe Alter ein Spaßvogel und Verwandlungskünstler, der vor lauter Lebensfreude mitunter sogar Pirouetten dreht und buchstäblich mit seinen Menschen lacht (S. 65). Der Dalmatiner ist ein unglaublich verspielter und fröhlicher Hund, der Kinder über alles liebt. Findet er hingegen nicht genügend Beachtung oder wird er gar zur Zwingerhaltung verdammt, wird aus dem lebensfrohen Wesen ein trübsinniges Geschöpf. Statt Freude an Erziehung und Ausbildung zu zeigen,schaltet er auf stur und wird zum schwer erziehbaren »Sozialfall«.

Trotz seiner Vergangenheit als Jagdhund gibt es kaum einen Dalmatiner, der wildert. Ob für Heimtiere wie Meerschweinchen, Kaninchen oder Katzen oder für ungewöhnliche Mitbewohner wie Schweine, Kühe oder Federvieh, der Dalmatiner wird ihnen stets ein verträglicher Kamerad sein, wenn er behutsam mit ihnen bekannt gemacht wird. Auch gegenüber Artgenossen ist er alles andere als rauflustig, wobei er bei Rangeleien durchaus »seinen Hund« zu stehen weiß. Als Laufhund drängt ihn seine ganze Statur förmlich dazu, sich nach Herzenslust zu bewegen. Trotz seiner vielen Vorzüge ist dieser vierbeinige Gentleman daher kein Hund für jedermann. Nur wer bereit ist, seinen unermüdlichen Bewegungsdrang zu stillen, wird mit ihm froh werden und kann aus ihm auch einen glücklichen Hund machen. Stubenhocker sollten also die Finger von dieser Rasse lassen. Da Dalmatiner täglich zwei bis drei Stunden Auslauf benötigen, eignen sie sich auch nur bedingt für Berufstätige. Der getupfte Hund ist ein begeisterter Schwimmer und taucht wie ein Athlet, ebenso weiß er auch Wanderungen im Gebirge zu schätzen. Unermüdlich klettert er bergauf und bergab. Mit einem Dalmatiner an der Seite muß man sich

Was geht hier ab? Die getupften Hunde verbringen am liebsten jede Sekunde mit ihren Menschen.

daran gewöhnen, selbst erschöpft »in den Seilen zu hängen«, wenn er immer noch schwanzwedelnd daneben steht und einen fragend anblickt, wann es denn nun endlich weitergeht. Agility und andere Hundesportarten scheinen wie für ihn geschaffen. Das Tüpfelchen auf dem »i« ist er freilich für pferdebegeisterte Menschen. Egal ob er neben Reiter und Pferd oder einem Gespann mitlaufen darf, hier ist er in seinem Element, so als würde die Seele der Ahnen in ihm wach werden. Deshalb ist in diesem Buch auch dieser Seite des Dalmatiners ein eigenes Kapitel gewidmet. Der langjährige Hundeausbilder und Fachreferent für Pferdebegleithunde Dieter Schulte-Wörmann erklärt, wie eine harmonische Partnerschaft zwischen Pferd und Hund heranwachsen kann (S. 67).

KAPITEL 2

Geschichtlicher Rückblick

Historische Abbildung »Dalmatian or Coach Dog« (Thomas Bewick, 1792). Deutlich erkennbar sind die kupierten Ohren.

Geheimnisvolle Herkunft

Trotz sorgfältigster Nachforschungen ist die Herkunft des Dalmatiners bis heute ein Rätsel geblieben. Auch wenn zahlreiche Experten vermuten, daß seine Heimat in jenem alten Kulturland an der östlichen Adriaküste liegt, das ihm auch den Namen gab, konnte bisher niemand beweisen, daß er tatsächlich aus Dalmatien stammt.

Sicher ist nur, daß es sich um eine uralte Rasse handelt. Denn natürlich konnte kein Künstler an diesen auffällig getüpfelten Hunden vorübergehen. Ob auf Bildern in Pharaonengräbern, bei großen italienischen und niederländischen Gesellschaftsmalern, auf Fresken, Vasen oder prunkvollen Wandteppichen, der Tupfenhund war ein dankbares Motiv. Man findet ihn auf einem Grabgemälde in der oberägyptischen Stadt Theben (ägypt.: Weset oder Nut), wo tributpflichtige Asiaten dem Pharao ihre Geschenke darbringen, einem Wandgemälde in der Grabkammer von Antefaa II. (um 2000 v. Chr.), einem Fresko in Tyrnia, wo der Sage nach Herakles geboren wurde, und auf einem Gemälde des Niederländers Gerard Terborch. Dort erscheint auch der französische Dauphin in Begleitung eines dalmatinerähnlichen Hundes. Auch das Bild *Jagdhunde und ihre Betreuer* des Jagdmalers Francesco Castiglione (gest. 1716) zeigt zwei dalmatinerähnliche Hunde. Für Richard Strebel (1905) Beweis genug für die »unerschütterlich feststehende Tatsache, daß der Dalmatiner ursprünglich Parforcehund oder Vorstehhund war und daß seine Heimat Italien ist.« Auch der italienische Naturforscher Aldrovandi (um 1600) schreibt von einem »wie ein Luchs gefleckten, weißschwarzen Vorstehhund«, der in Italien allgemein bekannt sei.

Wann auch immer im Laufe der Geschichte gesprenkelte oder getupfte Hunde auf Abbildungen, Gemälden oder in Beschreibungen auftauchten, sah man darin einen Dalmatiner. »Ein Fehlschluß«, wie es in der *Enzyklopädie der Rassehunde* heißt. »Das Grundmuster ist uralt, und weil es uralt ist, kann kaum angenommen werden, daß es nur auf einen einzigen ›Ur-Dalmatiner‹ zurückgeht. Es ist nicht einzusehen, warum dieses Tupfenmuster, das mehr oder weniger ausgeprägt bei vielen Hunderassen vorkommt, nur an einem einzigen Ort, zum Beispiel im alten Ägypten, entstanden sein soll.« Da nützt es auch nichts, daß der Dalmatiner eine Besonderheit gegenüber den anderen Rassen mit ähnlichem Grundmuster aufweist, nämlich: Weiße Einzelhaare oder weiße Haarbüschel fehlen innerhalb der farbigen Tupfen. Dieses Rassemerkmal entstand jedoch erst relativ spät durch eine gezielte Zuchtauswahl.

So vielfältig wie die Abbildungen sind auch die Namen, die man den getupften Hunden im Laufe der Geschichte gab. In Italien nannte man sie im 16. Jahrhundert »Gallische Hunde«, die Franzosen bezeichneten sie als »Bengalische Bracken« oder später »Indische Hunde«, »Dänische Hündchen« oder »Harlequins«. In Dalmatien wiederum, das vom Welthundeverband, der F. C. I., schließlich zur offiziellen Heimat der Rasse erklärt wurde, nannte man ihn früher »Ragusanische Bracke« oder »dalmatinischen Hühnerhund«. Besondere Verwirrung unter all diesen Namen stiftete die Bezeichnung »Braque de Bengal«. Sie wurde erstmals um 1750 von dem französischen Naturforscher Buffon in seiner *Histoire Naturelle* verwendet, obwohl er selbst bezweifelte, daß der Hund aus Bengalen stamme. Doch um 1556 soll, so er-

Die Kopfform und Fellzeichnung des Dalmatiners aus Jean Bungartz' »Muster Hunde-Buch« (1890) entsprechen bereits dem heutigen Rassestandard.

zählt eine geheimnisvolle Quelle, ein schwarz-weiß-gefleckter Hund von Indien nach Cadiz gebracht worden sein. Eine plausible Erklärung hat hier Dr. Ratimir Orban parat, der in Zagreb die Geschichte des Dalmatiners verfolgte. Er vermutet den Ursprung der Rasse in den gefleckten Hunden Altägyptens. Diese seien über den Nahen Osten und die Türkei nach Griechenland und schließlich an die adriatische Küste des Balkans gekommen, wo sie zur heutigen Form weitergezüchtet wurden. Da die Republik Ragusa (Dubrovnik) diplomatische Missionen in Indien, Macao und Goa unterhalten habe, seien sie von Gesandten dorthin mitgenommen worden und später als »indische Hunde« nach Europa zurückgekommen. Einer anderen Theorie zufolge sollen hingegen Zigeuner den Dalmatiner im Frühmittelalter aus Nordindien nach Europa mitgebracht haben.

Dalmatiner mit ineinanderfließenden Tupfen

Der Dalmatiner wurde 1792 von dem englischen kynologischen Schriftsteller Thomas Bewick erstmals als »The Dalmatian or Coach Dog« bezeichnet. Wann der Name allgemein üblich wurde, läßt sich heute nicht mehr feststellen. Auch hier gibt es zahlreiche Theorien. Eine sieht sogar einen Zusammenhang zwischen dem Tupfenmuster des Hundes und den vielen der dalmatischen Küste vorgelagerten Inseln, die ein ähnliches Muster ergeben. Andere Liebhaber der Rasse glauben, das Tupfenmuster weise Ähnlichkeiten mit den vielen vulkanischen Blasen im dalmatischen Gebirge auf. E. und A. Treen (1980) wiederum berichten von dem serbischen Dichter Jurij Dalmatin, der von der böhmischen Herzogin Alena Meziricska Lomnice 1753 einige Hunde bekommen und sich dafür in einem Brief bedankt haben soll: »Das Interesse an meinen türkischen Hunden wächst in ganz Serbien«, heißt es hier, »diese Hunde sind so populär geworden, daß sie mit meinem Namen Dalmatins genannt werden. Dieser neue Name hat sich bereits mehr und mehr eingebürgert.«

Wie man ebenfalls auf alten Gemälden sehen kann, pflegte man eine Zeitlang die Ohren des Dalmatiners zu kupieren. Manchmal schnitt man sogar die ganzen Ohrlappen ab, eine von alters her auch bei Doggen übliche Mode, die heute glücklicherweise der Vergangenheit angehört. Vero Shaw, der 1882 auch den ersten Rassestandard verfaßt hatte, sah in diesem Brauch die Ursache für böse Entzündungen und Geschwüre und für die gelegentlich auftretende Taubheit der Rasse.

Vignetten aus Thomas Bewicks »History of Quadrupeds« (1791)

Vom Jäger zum Feuermelder

Der Dalmatiner begann seine berufliche Laufbahn als Jagdhund. Er durchstöberte riesige Reviere nach frischen Wildspuren und zeichnete sich durch zähe Kondition, unermüdliche Lauffreude und eine besonders feine Nase aus. Der schlanke, tiefbrüstige Hund war nicht so hoch, daß er im Unterholz steckenblieb, aber auch nicht so niedrig, daß er an Schnelligkeit verloren hätte. Und dank seiner Fellzeichnung war er für die Jagdgesellschaft schon von weitem zu sehen. Wegen seines schmucken Aussehens erhielt er im 17. Jahrhundert eine weitere Aufgabe: Als auffälliger Begleiter lief er neben den Rössern adeliger Damen her oder begleitete sie in ihrer Kutsche. Diese Aufgabe wurde einige Zeit später, in der viktorianischen Ära, wohl zu seiner berühmtesten Bestimmung. Der Dalmatiner kam als Kutschenhund in Mode. Schon bei Buffon (1707–1788) spricht man deshalb vom »Danois de Carosse«, Bewick nennt ihn 1792 »Coach Dog« und Stonehenge (1882) »Carriage Dog«. Während die Adeli-

Dalmatiner sind ideale Reitbegleithunde.

gen früher ihren Kutschen livrierte Diener als Wachkohorte vorausgeschickt hatten, übernahmen jetzt die getupften Hunde diese Aufgabe. Sie waren nicht nur gute Wächter für Pferd und Wagen, sondern auch ausgesprochen ausdauernd und lauffreudig. Sie schafften der Kutsche Platz und warnten vor Gefahren, die unterwegs drohten. Später trainierte man die Hunde darauf, nicht mehr vor den Wagen, sondern zwischen den Hinterrädern oder unter dem Wagen mitzulaufen. Um ihn für die nicht ungefährliche Arbeit abzurichten, band man den etwa sechs Monate alten unerfahrenen Junghund mit dem Halsband an einen bereits trainierten Hund.

Im 19. Jahrhundert machten die getupften Hunde auch als Begleiter von Postkutschen von sich reden. Besonders berühmt wurde »der Hund von Brighton«. Er liebte es, Pferde und Wagen auf ihrer Fahrt über Land zu begleiten. Ohne zu ermüden, lief er neben der Postkutsche von London nach Brighton und zurück. Nur sonntags legte er einen Ruhetag ein.

Der Dalmatiner war damals das Aushängeschild für jeden, der im britischen Empire etwas auf sich hielt. Doch wer in der Öffentlichkeit steht, hat bekanntlich auch Kritiker. »Seine Gesamterscheinung verweist ihn nach unserer Meinung unter die Jagdhunde«, schreibt Colonel Hamilton Smith über die vielgeliebte Rasse. Wenig schmeichelhaft ergänzt er: »doch, obwohl er hübsch und an Eleganz und schöner Zeichnung unübertroffen, soll er – andere Meinungen gibt es kaum – weder Geruchssinn noch Klugheit besitzen und deshalb in die Pferdeställe verwiesen worden sein.« Und selbst Youatt (1854), zur damaligen Zeit eine Autorität in der Hundezucht, war von den mangelnden Geistesgaben des Dalmatiners überzeugt: »In England war er nie Jagdhund, zeigte aber große Vorliebe für Pferde und Geschicklichkeit als Begleiter vornehmer Kutschen. Darauf beschränken sich seine Aufgaben, für andere hat er nicht genug Verstand.« Während diese Behauptungen in Dalmatinerkreisen immer wieder für Empörung gesorgt haben, hat die Dalmatinerexpertin Lilly Barmettler dafür eine ganz simple Erklärung parat. Sie vermutet, daß viele der Kutschenhunde einfach nur taub waren und so gar nicht auf den Menschen reagieren konnten.

Auch in den USA fand der Dalmatiner unzählige Freunde und eine weitere Aufgabe: Er wurde Feuermelder. Laut bellend raste manchmal eine ganze Meute Dalmatiner als lebende Warnsirene vor den damals noch von Pferden gezogenen Feuerwehrwagen durch die Straßen. Einer dieser Hunde war »Bessie of the Engine Company No. 39« in New York. Das Feuerwehrzeichen am Halsband, ein kleiner Feuerwehrhelm aus Messing, kennzeichnete sie als mutige »Feuerwehrfrau«. Ihr Pflichtbewußtsein hatte allerdings auch seine Grenzen. Hatte ihr Betreuer Leutnant Wise dienstfrei, dann hielt auch Bessie nichts im Feuerwehrhaus. Die kluge Hündin wußte nämlich genau, wo die Straßenbahn zu seiner Wohnung abfuhr und wo man aussteigen mußte. Und da Schwarzfahren auch in New York ungesetzlich ist, bekam sie sogar ihre eigene Fahrkarte. Die Feuerwehrhunde blieben ihrer Aufgabe sogar treu, als die Löschzüge nicht

Schwarz auf weiß – auch heute noch beliebtes Maskottchen bei der Feuerwehr

Männchen machen – für Dalmis eine leichte Übung

mehr von Pferdestärken, sondern von Dampf angetrieben wurden. Und später saßen sie stolz neben der zweibeinigen Mannschaft im Feuerwehrauto. In der Praxis zwar arbeitslos geworden, sind sie in den Staaten bis heute das Maskottchen der Feuerwehr geblieben.

Danach kam eine schwierige Zeit für die arbeitsfreudigen und menschenbezogenen Hunde. Im großen und ganzen wurde es recht still um die Rasse. In Jugoslawien fanden sich sogar überhaupt keine Dalmatiner mehr, und bei der ersten vom Kennel Club 1920 im Kristallpalast in London durchgeführten Ausstellung stellte sich lediglich ein einziger Konkurrent den gestrengen Augen der Richter. Nach dem Krieg betrachtete man den Dalmatiner sogar als »Relikt einer aussterbenden Rasse ohne jegliche Zukunft«. Nur ganz allmählich wendete sich das Blatt. Mit wenigen Exemplaren begannen englische Hundefreunde in mühevoller Aufbauarbeit mit der Wiederbelebung der Zucht. Europa entdeckte die Qualitäten des »Fünfkämpfers unter den Hunden« wieder, und der Dalmatiner wurde zum »fashionable dog«, zum Symbol für natürliche Sportarten.

KAPITEL 3

Überlegungen vor dem Kauf

Bevor Sie sich einen Dalmatiner anschaffen, sollten Sie jeden in der Familie fragen.

Drum prüfe, wer sich ewig bindet...

Natürlich hat ihre wechselhafte Geschichte die Rasse auch charakterlich geprägt. Trotz seiner großen Sensibilität, seiner starken Bindung an den Menschen und seines Bedürfnisses, seinem Besitzer Freude zu bereiten, besitzt der Dalmatiner auch seinen eigenen Kopf. Deshalb sollten Sie sich gründlich prüfen – zu Ihrem eigenen Besten und natürlich dem des Hundes –, ob Sie beide wirklich füreinander geschaffen sind. Denn unsere Tierheime sind voll mit ungeliebten oder unerwünschten Tieren. Sagen Sie also nur ja zum Hund, wenn Sie auch die Verantwortung für sein ganzes Hundeleben, also die nächsten zehn bis 16 Jahre, übernehmen können. Als notorischer Kneipengänger oder Workoholic sollten Sie lieber auf einen Dalmatiner als Begleiter verzichten. Klären Sie auch schon vor der Anschaffung, wer die täglichen Pflichten übernehmen wird, wer mit ihm spazierengeht, ihn füttert und wer die Erziehung und

Pflege in die Hand nimmt. Auch Urlaubspläne und -vorlieben sollten in diese Überlegungen einbezogen werden. Dalmatiner sind zwar begeisterte und unkomplizierte Reisebegleiter (S. 77), als Partner für Fernreisen aber scheiden sie aus. Auch über die Motive Ihrer Hundewahl sollten Sie sich Gedanken machen. Ein vierbeiniger Partnerersatz wird manchmal nämlich leider überflüssig, sobald der richtige Zweibeiner ins Leben schneit.

Auch wenn der beste Freund, den man sich kaufen kann, eigentlich unbezahlbar ist, sollten Sie neben dem Anschaffungspreis auch die monatlichen Ausgaben überschlagen. Neben Futterkosten sind das natürlich auch Tierarztkosten, Zubehör, Versicherungen und natürlich die Hundesteuer. In Deutschland ist der Steuersatz von Gemeinde zu Gemeinde verschieden. Im Schnitt beträgt er DM 90.– im Jahr, aber es gibt auch Gemeinden, die DM 300.– für die Haltung eines Hundes verlangen. Wenn Sie in einer Mietwohnung leben, muß natürlich auch der Vermieter sein Jawort geben. In nahezu allen Mietverträgen findet sich heute eine Formulierung, die Hundehaltung entweder genehmigungspflichtig macht oder sogar verbietet. Zwar gestehen die meisten Gerichte den Mietern mehr Freiheiten zu, doch ein Vertrag mit Hundeverbot, der einmal unterschrieben ist, muß (meistens) auch gehalten werden. Je mehr Parteien in einem Mietshaus leben, desto geringer ist die Wahrscheinlichkeit, daß die Gerichte im Sinne des Hundehalters entscheiden. Aber auch in einem Wohngebiet mit freistehenden Häusern und Gärten können Hunde vom Vermieter ganz untersagt oder deren Zahl pro Familie von Nachbarn, die sich belästigt fühlen, auf das ortsübliche Maß beschränkt werden. Im Normalfall sind das zwei Tiere.

Kosten

Kaufpreis
ca. DM 1600.–

Grundausstattung
DM 200.– bis DM 300.–

Impfungen, Wurmkuren
ca. DM 200.–/Jahr

Haftpflichtversicherung
DM 80.– bis DM 200.–/Jahr

Krankenversicherung
DM 38.– bis DM 140.–/Monat

Ernährung
ca. DM 100.–/Monat

Rücklage für Tierarzt
ca. DM 40.–/Monat
(statt Krankenversicherung)

Rüde oder Hündin?

»Eine Hündin trägt Freud und Leid mit dir, ein Rüde legt dir sein Herz zu Füßen.« Diese alte Weisheit mag zwar für den einen oder anderen Hundefreund als Entscheidungshilfe dienen, verallgemeinern kann man sie sicherlich nicht. Ob eine Hündin oder ein Rüde besser zu Ihnen paßt, ist letztlich auch eine Sache Ihrer eigenen Persönlichkeit. Auf jeden Fall sollten Sie sich vor der Anschaffung genau überlegen, für welches Geschlecht Sie sich entscheiden. Im allgemeinen gelten Hündinnen als häuslicher, an-

Nicht nur ein Rüde legt dir sein Herz zu Füßen...

schmiegsamer und leichter erziehbar als Rüden. Die Zeit der Läufigkeit kann für unerfahrene Hundehalter allerdings in Streß ausarten. Beim Spaziergang werden Sie mitunter auf Schritt und Tritt von einem ganzen Rudel liebestoller Rüden verfolgt, die dann unermüdlich vor der Haustür ausharren und der Angebeteten auch noch ein Ständchen bringen. Auch die Hündinnen selbst neigen während der »ganz heißen Phase« zum Ausbrechen und werden musikalisch.

Rüden hinterlassen überall ihre Duftmarken.

Als Besitzer eines unkastrierten Rüden wiederum müssen Sie sich damit abfinden, daß der sonst so gut erzogene Begleiter plötzlich zum Streuner wird, wenn er irgendwo in der Gegend eine läufige Hündin in die Nase bekommt. Nichts und niemand wird ihn daran hindern, den Weg zum Ziel seiner Wünsche zu finden. Außerdem muß ein Rüde überall seine duftenden Botschaften hinterlassen. So informiert er seine Konkurrenten über sein Alter, sein Geschlecht und sein Ranggefühl. Mit diesen »Grenzpfosten«, die er natürlich regelmäßig erneuern muß, markiert er seine Anwesenheit und sein Besitzrecht. Und wo immer ein Rivale seine Marke hinterlassen hat, muß der nächste sein Zeichen darübersetzen. Außerdem versuchen Rüden eher, sich gegenüber anderen Vertretern des männlichen Geschlechts zu behaupten, und brauchen normalerweise eine festere Hand als Hündinnen. Dennoch sind Anhänglichkeit, Gelehrigkeit oder auch Aggression nicht zwangsläufig an ein bestimmtes Geschlecht gebunden. Auch bei Hunden gibt es verschiedene Temperamente.

Fachberatung von Elisabeth Petzina, Hundeexpertin und -erzieherin, Bochum

Fragebogen

Haben Sie dieses Buch gekauft, bevor Sie sich zum Hundekauf entschlossen haben, dann können Ihnen folgende Fragen Ihre Kaufentscheidung sicherer machen oder Sie vor Enttäuschungen bewahren. Wenn Sie Ihren Hund bereits haben, dann finden Sie hier vielleicht noch Anregungen, die Ihnen das Zusammenleben erleichtern.

1. Ein Hund wird geplant...
(Unzutreffendes bitte streichen)

- Haben Sie schon einen Hund gehabt? ja/nein
- Haben Sie sich bei erfahrenen Hundebesitzern informiert? ja/nein
- Haben Sie außer diesem wenigstens drei oder vier andere gute Hundebücher gelesen? ja/nein
- Haben Sie sich informiert, was ein Hund im Monat kostet? ja/nein
- Kennen Sie den Unterschied zwischen Züchter, Züchtergemeinschaft und Hundehändler? ja/nein
- Wissen Sie, was ein Hobbyzüchter ist? ja/nein
- Wissen Sie, was VDH bedeutet? ja/nein
- Kennen Sie mehr als einen Züchter (Rasse egal)? ja/nein

2. Ein Hund ist beschlossene Sache...

- Haben Sie schon einmal einen Welpen großgezogen? ja/nein
- Wissen Sie, unter welchen Umständen man einen Welpen mit sieben Wochen übernehmen sollte? ja/nein
- Wissen Sie, unter welchen Umständen der Welpe bis zur 12. Woche beim Züchter bleiben kann? ja/nein
- Wissen Sie, was Prägungsspieltage sind und wo sie in Ihrer Nähe angeboten werden? ja/nein
- Haben Sie mit mehr als einem Züchter Ihrer Rasse Kontakt aufgenommen? ja/nein
- Zeigte Ihnen der Züchter bereitwillig das Muttertier? ja/nein
- War die Mutterhündin freundlich und zutraulich? ja/nein
- Fragte Sie der Züchter sehr gründlich nach Ihren Lebensumständen? ja/nein
- Machte der Züchter klare Angaben über Impfung und Entwurmung der Welpen? ja/nein
- Sagte Ihnen der Züchter von Anfang an einen festen Preis? ja/nein

3. Ein Dalmatiner soll es sein...

- Haben Sie die Rasse durch den Film *101 Dalmatiner* kennengelernt? ja/nein
- Finden Sie Dalmatiner besonders repräsentativ? ja/nein
- Suchen Sie vor allem einen kurzhaarigen Hund? ja/nein
- Wünschen Sie sich einen pflegeleichten Hund? ja/nein
- Denken Sie vor allem an einen freundlichen Familienhund? ja/nein

- Brauchen Sie einen ruhigen Hund mit guten Nerven? ja/nein
- Wünschen Sie sich eine Rasse, bei der Sie vor Erbkrankheiten möglichst sicher sind? ja/nein
- Möchten Sie einen Hund, der sich besonders gut unterordnet? ja/nein

4. **Hier geht es ums Familienrudel...**
   - Sind wirklich alle Familienmitglieder für einen Dalmatiner? ja/nein
   - Ist ganz sicher abgesprochen, wer von den Erwachsenen den Hund erziehen wird? ja/nein
   - Ist ein Wochenplan für die verschiedenen Hundearbeiten gemacht? ja/nein
   - Falls Sie alleinstehend sind: Haben Sie zuverlässige Freunde, denen Sie den Hund anvertrauen können, wenn Sie überraschend ins Krankenhaus müssen? ja/nein
   - Haben Sie geklärt, ob jemand in Ihrer Verwandtschaft an Hundefurcht leidet? ja/nein
   - Ist abgeklärt, daß niemand in der Familie an einer Tierhaarallergie leidet? ja/nein
   - Haben Sie sichergestellt, daß Sie in Ihrer Wohnung einen Hund halten dürfen? ja/nein

5. **Ein Dalmatiner will beschäftigt sein...**
   - Haben Sie Erfahrung in der Hundeerziehung? ja/nein
   - Haben Sie die Möglichkeit, zusammen mit dem Hund eine Ausbildung zu machen? ja/nein
   - Haben Sie bereits einen Schutzhund oder einen Begleithund ausgebildet? ja/nein
   - Wissen Sie, was Agility ist? ja/nein
   - Wissen Sie, wo Sie in Ihrer Nähe einen Welpentreff finden? ja/nein
   - Wissen Sie, wo Sie in Ihrer Nähe mit dem Hund ausgiebig spazierengehen können? ja/nein
   - Gibt es in Ihrer Nähe Hundeübungsplätze, wo Sie Hilfe bei der Ausbildung finden können? ja/nein
   - Haben Sie in Ihrer Bekanntschaft erfahrene Hundefreunde, die Ihnen mit Rat und Tat helfen können? ja/nein

6. **Für einen Hund muß man auf sehr vieles verzichten**
   - Werden Sie auf den Urlaub verzichten, wenn der Hund nicht mitkann? ja/nein
   - Verzichten Sie bereitwillig auf den wöchentlichen Kinobesuch oder Kegelabend? ja/nein
   - Könnten Sie einen zweibeinigen Partner aufgeben, wenn er plötzlich gegen Hundehaare allergisch wird? ja/nein
   - Sind Sie bereit, Ihr geregeltes Leben aufzugeben? ja/nein
   - Können Sie Ihre allabendliche Kneipentour weglassen? ja/nein
   - Sind Sie bereit, auf Ihren Managerposten zu verzichten? ja/nein

- Sind Sie bereit, den Hochglanz in Ihrer Wohnung drangeben? ja/nein
- Würden Sie spontane Unternehmungen sein lassen? ja/nein

7. **Ein Hund kann teuer werden...**
- Eine Hundekrankenversicherung ist hinausgeworfenes Geld? ja/nein
- Vorsorgeuntersuchungen sind Unsinn, sie machen nur den Tierarzt reich? ja/nein
- Wenn mein Hund krank ist, hole ich mir erst einmal Rat von anderen Hundefreunden, erst wenn der nichts nützt, gehe ich zum Arzt. ja/nein
- Für Operationen würde ich höchstens DM 1000,– ausgeben, auch wenn sie sicher erfolgreich sind. Notfalls würde ich lieber den Hund einschläfern lassen. ja/nein
- Medikamente zur Stärkung nach einer Erkrankung sind unnötig. Der Hund wird von allein wieder fit. ja/nein
- Eine Langzeitbehandlung einer chronischen Erkrankung kommt nicht in Frage. Das Tier hat doch dann sowieso nichts mehr vom Leben. ja/nein

8. **Hunde brauchen eine Ausstattung und vernünftiges Futter**
- Ein Hund liegt am besten auf blankem Boden, dann gibt es keine Flöhe. ja/nein
- Eine Kette als Leine hält am längsten, weil der Hund sie nicht zerkaut. ja/nein
- Ein einfaches Würgehalsband ist in jedem Fall das Beste. ja/nein
- Mein Hund kann das fressen, was von unseren Mahlzeiten übrigbleibt. ja/nein
- Beim Hundefutter kaufe ich nur Sonderangebote, es ist doch überall das gleiche drin. ja/nein
- Wichtiger als das Futter sind die richtigen Leckerchen. ja/nein
- Ab und zu ein schöner Knochen, das ist das Richtige für einen Hund. ja/nein

9. **Und noch dies und das...**
- Sind Sie der Meinung, daß Ihre Kinder den Hund spazierenführen werden? ja/nein
- Sind Sie der Ansicht, daß eine interessante Rasse wie der Dalmatiner für Ihre Kinder wichtig ist? ja/nein
- Meinen Sie nicht auch, daß ein Hund vor allem gutes Futter und viel Freiheit braucht? ja/nein
- Finden Sie, daß eine Hundeversicherung bloß Geldverschwendung ist? ja/nein
- Denken Sie, daß Hundeerziehung am besten gelingt, wenn der Hund ungefähr ein Jahr alt ist? ja/nein
- Sind Sie sicher, daß Ihr Hund nichts in der Wohnung zerstören wird? ja/nein
- Sind Sie überzeugt, daß Sie Ihren Hund auch einmal einen Tag allein lassen können? ja/nein

Zur Auswertung:

1. **Ein Hund wird geplant...**
   Wenn Sie hier mehr als zweimal mit Nein antworten müssen, sollten Sie sich während der Planung noch sehr viele Informationen beschaffen.

2. **Ein Hund ist beschlossene Sache...**
   Wenn Sie hier mehr als zweimal mit Nein geantwortet haben, sollten Sie sich noch besser über Züchter und Hundezucht informieren.

3. **Ein Dalmatiner soll es sein...**
   Wenn Sie hier einige Male mit Ja geantwortet haben, dann sollten Sie Ihre Entscheidung für den Dalmatiner sorgfältig überprüfen. Vielleicht ist er doch nicht der richtige Hund für Sie.

4. **Hier geht es ums Familienrudel...**
   Nur wenn Sie hier alle Fragen mit einem klaren Ja beantworten konnten, sollten Sie sich überhaupt einen Hund anschaffen. Dann kann es auch ein Dalmatiner sein.

5. **Ein Dalmatiner will beschäftigt sein...**
   Wenn Sie hier immer Ja sagen konnten, geht Ihr Hund glücklichen Zeiten entgegen, und Sie dürfen sich auch einen Dalmatiner zutrauen. Wenn es ein paar Nein gab, müssen Sie noch sehr viel lernen oder auf den Hund verzichten.

6. **Für einen Hund muß man auf sehr vieles verzichten**
   Wenn Sie hier mehr als viermal mit Ja geantwortet haben, legen Sie vielleicht zu hohe Maßstäbe an sich selbst an. Überprüfen Sie Ihre Antworten, und überlegen Sie, wie sich die Dinge auch mit Hund organisieren ließen. Legen Sie aber ähnlich hohe Maßstäbe an Ihren Hund, dann sollten Sie besser auf ihn verzichten.

7. **Ein Hund kann teuer werden...**
   Wenn Sie auch nur einer dieser Aussagen zustimmen, können Sie sich einen Hund nicht leisten. Entweder weil sie nicht genug Geld oder nicht genug Herz haben.

8. **Hunde brauchen eine Ausstattung und vernünftiges Futter**
   Wenn Sie hier auch nur einmal zustimmen, müssen Sie sich noch viel besser über Hundehaltung und -ernährung informieren, bevor Sie sich einen Hund zulegen. Und ein Dalmatiner nimmt solche Zumutungen besonders übel.

9. **Und noch dies und das...**
   Wenn Sie hier mehr als einmal mit einem Ja geantwortet haben, dann sollte Ihr Dalmatiner aus Plüsch sein. Es gibt sie in allen Größen.

Tupfen soweit das Auge blickt. Wählen Sie Ihren Welpen mit Sorgfalt und Liebe aus.

Welcher Welpe ist »der Richtige«?

Sehen Sie sich am besten viele Hunde an, bevor Sie sich für ein Geschlecht oder eine bestimmte Rasse entscheiden. Auch der Besuch von Ausstellungen und das aufmerksame Befragen von Hundebesitzern und Züchtern kann Ihnen helfen, den richtigen Blick für »Ihren« Hund zu bekommen. Haben Sie sich für einen Dalmatiner als Begleiter entschieden und den richtigen Züchter gefunden, sollten Sie sich am besten nicht vor der 6. oder 7. Woche für einen bestimmten Hund entscheiden. Denn vorher kann man über das Wesen noch keine großen Aussagen treffen. Beobachten Sie die Kleinen im Verhalten mit den Artgenossen. Wie die Tiere aufeinander zugehen, miteinander spielen, wie sie ihre Umgebung erforschen, zeigt bereits sehr viel von ihren späteren Charaktereigenschaften. Ein Welpe, der bereits als Winzling die anderen beherrschen will, wird auch später eine festere Hand brauchen. Ein Welpe jedoch, der neugierig ist, offen auf seine Umwelt, seine Artgenossen und den Menschen zugeht, ohne rauflustig oder aggressiv zu sein, der sich aber auch nicht scheu und voller Angst in ein Eckchen zurückzieht, wird sich später zu einem angenehmen Begleiter entwickeln. Lassen Sie sich auch vom Züchter beraten. Ein seriöser Züchter wird auch Ihnen viele Fragen stellen, z. B. nach der Haltung des Hundes, warum Sie ausgerechnet einen Dalmatiner haben wollen, was Ihnen besonders an der Rasse gefällt. Er wird Sie sozusagen auf Herz und Nieren prüfen, bevor er Ihnen einen seiner Welpen anvertraut. Das sollten Sie nicht negativ bewerten, sondern als Fürsorge des Züchters für seine Welpen.

Normalerweise aber sollten Sie den Welpen nicht vor der 7. Woche

Tip

Besonders günstig ist es, wenn der Züchter in Ihrer Nähe wohnt. So können Sie die Welpen schon frühzeitig kennenlernen und des öfteren besuchen, um die verschiedenen Verhaltensweisen und Temperamente zu studieren. Sinnvoll ist das etwa ab der 6. Lebenswoche.

von der Mutter trennen, da ihm noch zu viele wichtige, prägende Erfahrungen fehlen. Andererseits sollten Sie einen Welpen aber auch nicht länger als acht bis neun Wochen bei der Hündin lassen. Machen Sie nur im Notfall eine Ausnahme und nur bei einem wirklich guten Züchter, der sich viel mit dem Welpen beschäftigen und ihn mit den Dingen konfrontieren kann, die für sein späteres Leben wichtig sind.

So finden Sie einen guten Züchter

So sorgfältig wie bei der Wahl des Hundes sollten Sie auch bei der Wahl des Züchters vorgehen. In der Bundesrepublik darf nämlich im Prinzip jeder eine Hundezucht betreiben.

Wichtig ist, daß Sie darauf achten, daß der Züchter dem *Verband für das Deutsche Hundewesen* (VDH) angehört. Dort werden die Welpen unter strengen Zuchtbestimmungen gezüchtet, und Sie können sicher sein, einen gesunden und wesensfesten Welpen zu bekommen. Beim Verband oder bei den Welpenvermittlungsstellen der Dalmatinervereine erfahren Sie die Adressen von Züchtern, die zu dem Zeitpunkt, wo Sie einen Welpen haben möchten, einen Wurf erwarten. Da das Ausstellen von Ahnentafeln bei uns nicht gesetzlich geregelt ist, rät der VDH, Inserate von Züchtern mit dem Hinweis »mit Ahnennachweis« bzw. »mit Zertifikat« mißtrauisch zu behandeln, da häufig Ahnentafeln oder ähnliche Papiere mit Angaben geliefert werden, »deren Inhalt nicht überprüfbar oder nicht selten sogar nachweislich falsch ist.

Besondere Vorsicht ist angebracht, wenn in Zeitungsinseraten viele Rassen gleichzeitig angeboten werden – hier handelt es sich oft um Hundehändler, die nur kommerzielle Interessen verfolgen.«

In solchen »Hundefabriken« werden Hündinnen in großen Zwingern als Wurfmaschinen gehalten. Die Hundebabys wachsen ohne die nötige Nestwärme und den liebevollen Kontakt zum Menschen heran und tragen schwere körperliche und seelische Schäden davon, die auch die Zeit nicht mehr heilen kann. Die Zeit beim Züchter aber bereitet den Hund in vielen Bereichen auf sein späteres Leben vor. Jetzt werden sein Vertrauen, seine Lernfreudigkeit,

Die Aufzuchtbedingungen beim Züchter prägen die Welpen für ihr ganzes Leben.

sein Umgang mit anderen Hunden und auch mit Menschen geformt. Im spielerischen Kontakt begreifen die Welpen allmählich die Hundesprache. Ein Hund, der bei einem seriösen Züchter mit seinen Geschwistern, mit seiner Mutter und möglichst noch mit Tanten und Großmutter aufgewachsen ist, der Erwachsene und auch Kinder kennengelernt hat, der in einer anderen Umgebung als einem sterilen Zwinger heranwachsen konnte, ist ganz anders als ein Welpe, der nie ein gesundes Familienleben kennengelernt hat oder der zu früh abgegeben wurde. Denn wenn er nicht von klein auf gelernt hat, Mimik und Körpersignale der Mutter zu deuten und zu imitieren, wird es ihm auch später sehr schwerfallen und mitunter sogar unmöglich sein, die Botschaften anderer Hunde richtig zu verstehen.

Bei einem renommierten Dalmatinerzüchter können Sie auch sicher sein, daß der Welpe alle nötigen Impfungen (S. 85) auf seinen Lebensweg mitbekommen hat. Zu dieser Fürsorge gehört in den letzten Jahren auch eine Gehöruntersuchung (S. 97), bei der festgestellt wird, daß der Hund auf beiden Ohren hundertprozentig hört, da die angeborene Taubheit wie bei anderen Rassen mit weißer Grundfarbe ein genetisches Problem sein kann. Etwa drei bis vier Prozent der jährlich geborenen Welpen sind nämlich taub.

Neben dem Impfpaß des Hundes bekommen Sie vom Züchter als wichtiges Dokument auch die Ahnentafel des Hundes. Diese im ganzen Gebiet der F. C. I. gültigen Ahnennachweise führen die Namen der Vorfahren des Hundes der letzten drei Generationen auf. Jedes genannte Tier und seine

Im Spiel mit der Mutter und den Geschwistern werden soziale Verhaltensweisen geübt.

Abholen beim Züchter – jetzt haben Sie die Verantwortung, ein Dalmatinerleben lang.

Tip

Im Vertrag müssen der Züchter (Verkäufer), der Käufer, die Rasse des Hundes, dessen Geschlecht, Beschreibung, offizielle Namen, Stammbaumnummer und Geburtsdatum enthalten sein. Außerdem werden die Zahlungsmodalitäten und die Form der Übergabe geregelt.

Ahnen können anhand einer Nummer neben dem Namen in den veröffentlichten Zuchtbüchern nachkontrolliert werden. Jeder Hund erhält außer dem Namen des Zwingers auch einen Vornamen, der sich nach der Reihenfolge der Würfe eines Züchters richtet, also von A bis Z. Natürlich können Sie Ihrem neuen Hausgenossen zusätzlich noch einen eigenen Rufnamen geben.

Da manche Züchter die Ahnentafel erst später zuschicken, lassen Sie sich am besten die darin enthaltenen Daten schriftlich bestätigen, ebenso die Tatsache, daß der Hund beim Verkauf dem Verkäufer gehörte. Im Kaufvertrag sollte möglichst auch vermerkt sein, daß der Welpe gesund ist. Seit September 1990 gilt ein Hund zwar vor dem Gesetz nicht mehr als Sache, sondern als Mitgeschöpf, dennoch muß der Verkäufer für Mängel einstehen, die »den Wert des Kaufobjekts mindern oder aufheben«. Ist der Hund beim Kauf beispielsweise krank, so handelt es sich um einen groben Mangel, und der Verkäufer muß dafür geradestehen. Hat er die Krankheit verschwiegen, muß er über die Gewährleistung hinaus auch noch Schadenersatz wegen Nichterfüllung des Vertrages zahlen. Hat der Käufer allerdings einen Fehler stillschweigend geduldet oder aufgrund grober Fahrlässigkeit nicht erkannt wie z. B. einen Farb- oder Zeichnungsfehler, hat er keine Möglichkeit, den Verkäufer dafür haftbar zu machen. Möchte der Verkäufer die Haftung im Vertrag ausschließen, sollten Sie vorsichtig sein. Ein seriöser Züchter wird sich nicht vertraglich aus der Verantwortung stehlen.

Wenn der Neue ein »Alter« ist

Vielleicht geben Sie einem erwachsenen Dalmatiner eine Chance?

Auch ein bereits erwachsener Dalmatiner hat seine Vorteile: Er wuselt nicht mehr den ganzen Tag herum, hat gelernt, daß man Menschen nicht anspringen soll, daß das Sofa für ihn tabu ist oder daß man nicht betteln darf. Ist er bereits gut erzogen, dann gibt es auch keine Probleme mit Sauberkeit oder dem Anknabbern von Pantoffeln, Möbeln oder Teppichen. Das Zusammenleben ist also von Anfang an weitaus energie- und kraftsparender als mit einem Welpen. Allerdings sollten Sie auch den Hund aus zweiter Hand erst einmal kennenlernen, bevor Sie sich für ihn entscheiden. Denn Mitleid ist auch hier ein schlechter Ratgeber. Der Vorbesitzer oder auch die Pfleger im Tierheim können sicherlich einiges über seine Vorlieben und Angewohnheiten, seine heimlichen Tricks und (möglichen) Ticks erzählen. Machen Sie auf jeden Fall mit dem Hund einen Probespaziergang, um zu sehen, wie Sie miteinander zurechtkommen. Hält die Liebe auf den ersten auch einem zweiten Blick stand, dann steht dem neuen Glück eigentlich nichts mehr im Wege.

KAPITEL

4

Eingewöhnung im neuen Heim

Lassen Sie Ihrem neuen Freund Zeit, sich an Sie zu gewöhnen.

Tip

Statt sich die Liebe des Hundes mit Leckerbissen zu erkaufen, freunden Sie sich lieber durch gemeinsames Spielen mit ihm an. Legen Sie ihm ein altes Kleidungsstück von sich mit in den Hundekorb, so wird er sich schneller an Ihren Geruch gewöhnen.

Ein Dalmatiner aus zweiter Hand

Natürlich ist es für einen älteren Hund nicht so einfach, sich an eine neue Umgebung und an neue Menschen zu gewöhnen und sich sicher zu fühlen. Um Ihrem neuen Freund die Umstellung zu erleichtern, sollten Sie möglichst seine vertrauten Sachen wie Schlafkorb, Näpfe oder das Lieblingsspielzeug vom Vorbesitzer mitnehmen. Am besten verwenden Sie auch die gleiche Futtersorte, die er dort bekommen hat. Wenn nötig, stellen Sie die Futtermenge und -mittel erst nach einer Eingewöhnungsphase zusammen mit dem Tierarzt um. Der sollte den Hund dann ohnehin nochmals gründlich untersuchen, auch wenn laut Impfpaß alle erforderlichen Impfungen regelmäßig durchgeführt wurden. Nimmt Ihr neuer Hausgenosse den Platz eines verstorbenen Vorgängers ein, bieten Sie ihm auf keinen Fall dessen Schlafplatz oder Spielzeug an. Der Geruch des fremden Hundes verunsichert ihn nur. Beschäftigen Sie sich viel mit

ihm, lassen Sie ihn in Ihrer Nähe sein, und führen Sie einen regelmäßigen Tagesablauf ein. Diese Routine gibt ihm allmählich Sicherheit. Wenn Sie sich ein bißchen »beschnüffelt« haben, können Sie spielerisch überprüfen, wie weit Ihr Hund den Hundeknigge schon beherrscht. Kennt er »Hier!«, »Sitz!« und »Platz!«, so behalten Sie die Kommandos bei. Er weiß dann, daß die alten Regeln auch für das Zusammenleben in seinem neuen Rudel gelten. Auch wenn der Hund längere Zeit nicht bereit ist, Ihre Zuneigung zu erwidern, haben Sie Geduld. Auch er hat seine Vergangenheit, und er braucht Zeit, die alte Familie zu vergessen. Meiden Sie Spazierwege, die er früher gegangen ist, wenn Sie in der Nähe seines alten Zuhauses wohnen. Ein Wiedersehen mit den Vorbesitzern macht die Eingewöhnung nur schwieriger. Irgendwann wird er von sich aus auf Sie zukommen, denn die Zeit wird für Sie beide arbeiten.

Spielen Sie sich ins Herz Ihres Hundes!

Toben, bis die Ohren fliegen – so werden Sie schnell Freunde.

In seinem Korb fühlt sich der kleineDalmatiner sicher und geborgen.

Neugier hilft gegen Trennungsschmerz

So ganz unerwartet von seiner Mutter, den Geschwistern und auch den Menschen, bei denen er die ersten Wochen seines Lebens verbracht hat, getrennt zu werden, ist ein ganz wichtiger Einschnitt im Leben eines Welpen. Plötzlich findet er sich in einer völlig unbekannten Welt mit fremden Geräuschen und Gerüchen wieder und braucht erst einmal Zeit, die neue Umgebung mit allen seinen Sinnen aufzunehmen. Ob für Welpe, Junghund oder erwachsenen Dalmatiner, der Hundekorb ist ein Refugium, in das er sich zurückziehen und wo er sich sicher und geborgen fühlen kann. Setzen Sie den Neuankömmling daher erst einmal in seinen Korb, der bereits an seinem endgültigen Platz stehen sollte. Da der Welpe anfangs seine Zähnchen daran ausprobieren wird, sollten Sie sich nicht unbedingt sofort für ein Luxusmodell entscheiden. Mit seinem Korb hat der Welpe einen festen Orientierungspunkt, von dem aus er nun Schritt für Schritt die fremde Umgebung erkunden kann. Schon bald wird seine Neugierde die Angst vor dem Unbekannten besiegen.

Lassen Sie sich auf keinen Fall durch Ihr Mitleid für das kleine Wesen dazu verleiten, ihn mit zu viel Zärtlichkeit, Leckerbissen oder Streichelanfällen zu überschütten. Kommt er zu Ihnen hingelaufen, streicheln Sie ihn kurz, lassen ihn dann aber weiter auf Entdeckungsreise gehen. Zimmer, die auch später für ihn tabu sein sollen, wie beispielsweise das Kinderzimmer, sollten auch jetzt schon vor ihm verschlossen sein. Zur Eingewöhnung können Sie den Korb nachts in die Nähe Ihres Bettes stellen. Sie wachen dann leichter auf, wenn Ihr Hundekind unruhig wird. Und Sie können einem »See« auf dem Fußboden vorbeugen, indem Sie den Welpen schnell nach draußen bringen. Außerdem beruhigt sich der Welpe, der bis dahin die wärmende Nähe seiner Geschwister gewöhnt war, leichter und überwindet schneller die Angst vor dem Verlassensein. Allmählich können Sie den Korb etwas weiter von Ihrem Bett entfernen und den kleinen Hund langsam an seinen endgültigen Platz gewöhnen. Natürlich sollten Sie sich die ersten Tage besonders liebevoll mit ihm beschäftigen. Aber nach einer gewissen Eingewöhnungszeit muß er allmählich lernen, daß es neben Fressen, Gassigehen, Spiel- und Schmusestunden auch Wartezeiten gibt, die er allein verbringen muß, ohne unglücklich zu sein.

Tip

Passen Sie beim täglichen Füttern auf, daß Futterneid die beginnende Tierfreundschaft nicht im Keim erstickt. Keiner schätzt es, seine Leckerbissen zu teilen. Schon gar nicht mit einem Fremden.

Einzug im »tierischen« Haushalt

Der Dalmatiner ist von seiner Herkunft her ein Meutehund. Seine »soziale Ader« erstreckt sich dabei nicht nur auf uns Menschen oder seine Artgenossen, sie schließt auch andere Tierarten mit ein. Ob Katzen, Meerschweinchen, Kaninchen oder auch Vögel, der Dalmatiner wird an allen eine interessante und liebenswerte Seite finden. Natürlich ist es auch hier am leichtesten, Jungtiere aneinander zu gewöhnen. Ein Welpe oder ein Junghund, der noch keine Erfahrung mit anderen Tieren gemacht hat, läßt sich relativ leicht in eine neue Wohngemeinschaft einführen und wird natürlich am schnellsten ihre »Fremdsprachen« erlernen. Denn er betritt als letzter ein fremdes Territorium, kennt seine Rangordnung im neuen Rudel noch nicht und muß erst seine neue Familie und sein Zuhause kennenlernen. Bei einem Welpen müssen Sie natürlich den Spieltrieb unter Kontrolle halten, damit er Meerschweinchen, Kaninchen oder Wellensittich nicht zu nahe auf den Pelz oder die Federn rückt. Andererseits sollten Sie darauf achten, daß die anderen Mitbewohner ihm ebenfalls die nötige Ruhe gönnen. Vor allem auf Katzen und größere Vögel wie Papageien sollten Sie anfangs ein waches Auge werfen, da sie den Eindringling mit ihren Krallen oder ihrem kräftigen Schnabel leicht verletzen können. Reden Sie mit ruhiger Stimme mit dem Welpen, kraulen Sie ihn, wenn sich die unbekannten Vierbeiner nähern. Den Rest erledigen die Tiere meist unter sich.

Möchten Sie den Welpen einer bereits älteren Katze beigesellen, kommt es sehr auf den Charakter und die Vorgeschichte Ihres Stubentigers an. Hatte die Katze nie Kontakte mit Hunden und kommt sie erst als erwachsenes Tier mit ihnen zusammen, reagiert sie häufig aggressiv oder zieht sich zurück. Um einem älteren Tier diese unnötige Aufregung zu ersparen, sollten Sie daher auf einen Hund lieber verzichten. Ist die Katze jedoch noch fit und kontaktfreudig, kann sie einen Welpen durchaus noch als Kind adoptieren. Wahrscheinlich wird sie ihm sehr schnell zeigen, wer die älteren Rechte im Haushalt hat. Wichtig ist, daß jeder ein Eckchen für sich hat, in das

Auch wenn es nicht Liebe auf den ersten Blick ist – Freundschaft zwischen Hund und Katze ist durchaus möglich.

er sich ungestört zurückziehen kann. Eine Katze, die gewöhnt war, mit einem Hund zusammenzuleben, wird auch einen erwachsenen neuen Hund akzeptieren. Allerdings sollten Sie nicht erwarten, daß sie zu dem Nachfolger die gleiche innige Beziehung entwickeln wird. Mitunter wird der Neue einfach nur geduldet. Möchten Sie zu Ihrem bereits erwachsenen Dalmatiner eine kleine Katze hinzunehmen, wird es normalerweise keine Schwierigkeiten geben. Da bei Hund und Katze der Geruchssinn eine große Rolle spielt, können Sie beiden das Eingewöhnen erleichtern, wenn Sie ihnen ein Tuch in den Korb legen. Lassen Sie dann den Hund bzw. die Katze am Tuch des anderen den fremden Geruch erschnuppern. Das erste Zusammentreffen sollte in einem größeren Zimmer stattfinden. Nehmen Sie den Hund am besten an die Leine, und lassen Sie die Tiere von sich aus aufeinander zugehen. Sprechen Sie dabei leise beruhigend auf Hund und Katze ein, mischen Sie sich aber sonst möglichst wenig ein. Wichtig ist, daß Sie in der Eingewöhnungsphase besonders liebevoll mit dem Ersttier umgehen und es nicht etwa wegen des neuen Hausgenossen links liegen lassen. Erwarten Sie nicht, daß sich die beiden bereits beim ersten Treffen akzeptieren. Manchmal müssen Hund und Katze eben mehr als einen Blick aufeinander werfen, bevor die große Liebe entstehen kann. Die freilich hält dann ein ganzes Hunde-Katzen-Leben lang.

Tip

Pflanzen Sie dort, wo Ihr Vierbeiner am meisten sein Bein hebt, robuste Gewächse wie Berberitze oder Holunder. Hündinnen machen es dem Gartenfreund hier einfacher. Sie lassen sich entweder gartenrein erziehen oder mit einem Spritzer Ammoniak auf ein Garteneck beschränken.

My home is my castle

Ein Dalmatiner braucht weder ein Haus mit Garten noch eine Luxuslimousine zum Glücklichsein. Gestehen Sie ihm sein tägliches Fitneßtraining zu und bekommt er die Liebe und Fürsorge seines Menschen, dann ist er auch mit einer Etagenwohnung zufrieden. Dennoch genießt er es natürlich, wenn er einen Garten vor der Haustür hat. Auch hier sollten Sie ihm eine eigene Ecke mit einem überdachten Ruheplatz oder eine Hundehütte zur Verfügung stellen, in die er sich zurückziehen kann. Da es zum natürlichen Verhalten eines Rüden gehört, sein Revier zu kennzeichnen, können Sie Ihren Garten nur durch geschicktes Pflanzen vor kahlen Stellen schützen. Denn Hundeurin ist scharf und ätzend.

KAPITEL

5

Die richtige Pflege

Und was machen wir jetzt?

Mikrochip oder Nummer im Ohr?

Am Hundehalsband sollten Sie neben der Steuermarke, die Sie bei der Anmeldung des Hundes bei Ihrer Gemeinde bekommen, auch eine Adressenkapsel oder ein graviertes Namensschild befestigen. Hier sollte der Name des Hundes, Ihre Adresse und Telefonnummer vermerkt sein, so daß Sie benachrichtigt werden können, falls Ihr Hund einmal weglaufen sollte. Da ein Halsband aber leicht abgenommen werden kann, empfiehlt es sich, den Hund tätowieren zu lassen. Bei Rassehunden werden normalerweise die Welpen bereits vom Zuchtwart tätowiert. Er prägt die Zuchtbuchnummer am Ohr ein, so daß die Identität dem Stammbaum entsprechend festgehalten wird. So haben Sie eine größere Chance, Ihren Ausreißer wiederzubekommen. Anstelle der Tätowierung oder ergänzend dazu können Sie Ihren Dalmatiner auch chipen lassen. Dabei wird dem Hund mit einem speziellen Injektionsgerät unter lokaler Betäu-

Tip

Damit beim Duschen kein Wasser in den Gehörgang kommt, können Sie vorsichtig kleine Wattebäusche als Nässeschutz in die Ohren stecken. Vergessen Sie aber nicht, diese nach dem Bad wieder zu entfernen.

bung ein winziger Mikrochip mit einem 16-stelligen Nummerncode eingepflanzt. Dieser kann mit einem speziellen Gerät abgelesen werden. Damit die Herkunft eines Hundes zurückverfolgt werden kann, muß die Tätowierungs- bzw. die Mikrochipnummer natürlich bei einem der Haustierzentralregister (S. 122) gemeldet sein. Obwohl auch bei der Mikrochipregistrierung eine gewisse Gefahr von Täuschungen bzw. Fälschungen besteht, sieht der VDH hierin dennoch eine sinnvolle Ergänzung zur Tätowierung.

Das Einmaleins der Hundepflege

Ob Ihr Dalmatiner sich auch im Alter noch fit fühlt oder ob ihn hier und da ein »Zipperlein« plagt, hängt ganz entscheidend auch von der Liebe und Fürsorge ab, die Sie ihm zeit seines Lebens geschenkt haben. Gut gepflegte Hunde sind weniger gebrechlich, wenn sie älter werden. Werden hingegen Krankheiten oder Verletzungen nicht beachtet, beschleunigt sich auch der Alterungsprozeß. Jugendsünden rächen sich eben nicht nur bei uns Menschen. Es liegt also in Ihrer Hand, ob aus dem lebenslustigen, gesunden Welpen später einmal ein glücklicher Hundesenior wird, der auch mit 16 oder 17 Jahren seinen Lebensabend noch so richtig genießen kann.

Regelmäßige Fellpflege ist wichtig, um tote Haare zu entfernen.

Körperpflege

Der Dalmatiner ist ausgesprochen reinlich und pflegeleicht und muß weder geschoren noch getrimmt werden. Sein kurzes Fell, das so gar nicht nach Hund riecht, braucht lediglich ein- bis zweimal pro Woche einen kräftigen Bürstenstrich, um die toten Haare zu entfernen. Am besten verwenden Sie dazu eine Bürste aus Roßhaar oder eine spezielle Gumminoppenbürste.

Da der Dalmatiner keine Unterwolle hat, verliert er seine Haare allerdings das ganze Jahr über. Als Dalmatinerbesitzer müssen Sie damit leben, nicht immer ganz »landfein« auszusehen. Die feinen weißen Haare bleiben nur allzugern auf Kleidung und Möbeln hängen. Greifen Sie also besser auf glatte Stoffe und hellere Farbtöne zurück. Hin und wieder können Sie den Hund auch mit einem feuchten Frottiertuch abreiben. So wird das Fell glänzend, und der Hund haart weniger. Untersuchen Sie Ihren Hund beim Bürsten auch gleich auf Parasiten, Haarausfall und Hautveränderungen.

Gründliches Bürsten erspart zwar meist den Einsatz von Shampoo und Wasser, mitunter aber braucht auch ein Dalmatiner eine warme Dusche oder ein medizinisches Bad gegen lästige Plagegeister. Damit der natürliche Säureschutzmantel der Haut nicht angegriffen wird, verwenden Sie zum Duschen ein mildes Hundeshampoo. Achten Sie dabei sorgsam darauf, daß der Schaum nicht in Augen oder Ohren kommt, und spülen Sie das Shampoo anschließend gründlich aus, damit die Reste nicht am Fell und an der Haut antrocknen und Juckreiz verursachen. Rubbeln Sie den Hund danach sorgfältig mit einem weichen Handtuch trocken.

Ohren

Da der Gehörgang bei Hunden extrem lang ist und in einem rechtwinkeligen Knick zum Trommelfell verläuft, sind Hundeohren nicht so gut belüftet, und das Ohrensekret kann sich nicht so leicht entleeren. Da der Dalmatiner ein sehr wasserfreudiger Hund ist und das Wasser leicht im Gehörgang zurückbleiben und zu Entzündungen führen kann, ist die Kontrolle und Pflege der Ohren eine wichtige Gesundheitsvorsorge. Wenn Sie vermehrtes Ohrenschmalz, Hautbeläge, schwarze Pünktchen oder auch anormalen Geruch frühzeitig erkennen, wird eine Behandlung unproblematisch sein. Säubern Sie die Innenseite des Ohrlappens regelmäßig mit einem angefeuchteten Tuch. Kratzt sich ein Hund häufig am Ohr, hält er den Kopf schief oder schüttelt ihn oft, können Ohrmilben oder andere Parasiten schuld daran sein. Lassen Sie dies vom Tierarzt ebenso abklären wie eitriges Augensekret, dauernden Tränenfluß oder starke Rötung der Bindehäute. Reinigen Sie zur Vorsorge die Augenwinkel regelmäßig ganz vorsichtig mit einem angefeuchteten, weichen Tuch.

Kontrollieren Sie regelmäßig die Ohren Ihres Hundes.

Vorsicht! ⚠

Ohne tierärztliche Anweisung sollten Sie keine Ohrentropfen, Tinkturen oder Wattestäbchen verwenden.

Zahnhygiene

Auch bei Hunden gehört die sorgfältige Gebißkontrolle zur Gesundheitspflege. Untersuchen Sie das Gebiß des Hundes regelmäßig auf Zahnstein, Fremdkörper wie Holzsplitter, Zahnveränderungen, -verfärbungen oder Bruchstellen. Einmal in der Woche sollten Sie dem Hund mit Schlämmkreide oder einer speziellen Hundezahncreme die Zähne putzen. Im Fachhandel gibt es Hundezahnbürsten und Zahncreme in den ver-

Dalmatiner sind leidenschaftliche Schwimmer.

Tip

Kleine Verletzungen an den Pfoten können Sie mit Vaseline oder Lebertransalbe selbst versorgen, tiefer gehende Verletzungen allerdings müssen unbedingt vom Tierarzt behandelt werden.

Gebißkontrolle gehört auch dazu.

schiedensten Geschmacksrichtungen, von Rind bis Huhn. Gewöhnt man einen Hund früh genug daran, wird er diese Prozedur ohne Probleme über sich ergehen lassen.

Pfotenpflege

Laut Rassestandard soll der Dalmatiner runde, feste Pfoten mit gut gewölbten Zehen und runden, zähen, elastischen Ballen haben. Diese anatomische Formgebung wurde im Laufe der Geschichte geprägt, da für diesen Laufhund ausdauernde und schwingende Bewegungen unersetzliche Voraussetzungen für seinen Beruf als Kutschen- und Begleithund waren. Seine sogenannten Katzenpfoten federn beim Laufen leicht und elastisch ab, so daß ein Wundlaufen praktisch nicht vorkommt. Doch nur ein Hund, der sich auch auf hartem Boden und nicht nur auf sandigem, weichem Gelände bewegen darf, nutzt seine Krallen auf natürliche Weise ab. Werden die Krallen aufgrund von Bewegungsmangel zu lang, kann dies zu erheblichen Fehlstellungen der Zehen führen und den Hund in seiner Bewegungsfähigkeit stark beeinträchtigen. Da das Krallenschneiden für einen Laien jedoch nicht so einfach ist und die empfindlichen Pfoten dabei verletzt werden können, sollten Sie die Maniküre lieber dem Tierarzt überlassen. Untersuchen Sie die Pfoten auch regelmä-

Im Winter ist Pfotenpflege besonders wichtig!

ßig auf Risse und Wunden. Im Winter sollten Sie die Pfoten wegen des Einsatzes von Streusalz möglichst vor dem Spaziergang mit Vaseline oder Melkfett einreiben oder nachher gründlich mit lauwarmem Wasser abspülen. Zum Schutz vor Parasiten wie Zecken und Flöhen gibt es spezielle Halsbänder. Vielfach verursachen diese lästigen Plagegeister, die sich im Fell und der Umgebung des Hundes aufhalten, nämlich Ekzeme und Allergien (S. 89).

Raumpflege

Nicht nur der Hund, auch das »Drumherum« muß gepflegt werden. Denn Hygiene ist für die Gesunderhaltung oberstes Gebot. Reinigen Sie den Liegekorb regelmäßig und erneuern Sie die Decken mehrmals im Jahr. Ideal sind abwischbare oder waschbare Körbe. Matten und Decken sollten Sie am besten mit 60° oder 90 °C waschen können. Futter und Wasser sollten Sie in getrennte Näpfe geben, die möglichst spülmaschinenfest sind. Auch der Standort der Näpfe sollte leicht zu reinigen sein. Leben mehrere Tiere im Haus, muß natürlich jedes seinen eigenen, gekennzeichneten Napf bekommen.

Liebe geht (nicht immer) durch den Magen

Auch der Ernährung Ihres Hundes sollten Sie viel Aufmerksamkeit widmen. Denn sie trägt wesentlich zu seiner Gesunderhaltung bei. Aber nicht alles, was Ihrem Dalmatiner schmeckt, tut ihm auch gut. Leider machen auch heute noch viele Menschen den Fehler, ihren Vierbeiner mit Tischresten zu füttern. Diese sind jedoch in der Regel zu fett, zu stark gesalzen und für den empfindlichen Hundemagen ungeeignet. Es kommt zu Verdauungs- und Hautstoffwechselstörungen. Hochwertiges Futter sollte tierisches Eiweiß (Proteine) und Fette, Kohlenhydrate sowie Vitamine, Mineralstoffe und Spurenelemente enthalten. Die Nahrung versorgt den Körper mit Energie. Je nach Rasse, Alter und Leistungsanforderungen haben Hunde jedoch unterschiedliche Ernährungsbedürfnisse. Selbstgekochtes Hundefutter muß also sehr sorgfältig zusammengestellt werden, damit es nicht zu einer Fehlernährung kommt. Da auch die hygienische Zubereitung der Nahrung bei der Gesunderhaltung des Tieres eine wichtige Rolle spielt, sollten Sie besser auf Fertignahrung zurückgreifen. Darin sind alle für den Hund notwendigen Nähr- und Aufbaustoffe im richtigen Mengenverhältnis enthalten und auf die jeweilige Entwicklungsstufe des Hundes abgestimmt. Welpen beispielsweise haben in den ersten beiden Lebensmonaten einen etwa viermal größeren Kalzium- und Phosphorbedarf als ausgewachsene Hunde. Bekommen sie zuwenig davon, kommt es zu Rachitis und anderen Wachstumsstörungen. Hunde ab dem 4. Lebensmonat brauchen wiederum eine andere Nahrungszusammenstellung. Bei Junghunden sollten Sie besonders vorsichtig mit der Futtermenge sein. Füttern Sie zuviel, bilden sich vermehrt Fettzellen, und die Tiere neigen ihr Leben lang zu Übergewicht. Auch für sportlich aktive Hunde, tragende Hündinnen, Hunde mit Allergie- oder Gewichtsproblemen oder Hundesenioren gibt es unterschiedliche Fertigprodukte. Zwar gibt es Richtwerte, wieviel ein Hund einer bestimmten Größe an Futter braucht, dennoch kann der individuelle Bedarf eines Hundes um

Neben der Futterschüssel sollte immer ein gefüllter Wassernapf stehen.

50 Prozent nach oben oder unten abweichen. Es gibt gute und schlechte Futterverwerter. Der Dalmatiner sollte nicht so grazil sein wie ein Windhund, sondern muskulös und kräftig, dennoch aber nicht dick.

Fertigfutter ist nicht gleich Fertigfutter

Der Handel bietet eine ganze Palette an Fertigfutter an. Alleinfutter, oftmals auch als Vollnahrung bezeichnet, können Sie als Trocken-, Halbfeucht- und Feuchtfutter kaufen. Die meisten Trockenfutter bestehen etwa zu 50 Prozent aus Getreide. Außerdem sind tierische und pflanzliche Eiweiße, Fette, kleine Mengen an Gemüse, Hefe, Mineralstoffe und Vitamine enthalten. Der Wassergehalt liegt bei rund 10 bis 12 Prozent. Sie können das Futter bereits mit Wasser reichen. Vielen Hunden aber schmeckt es besser pur, weil es knakkiger ist. Achten Sie aber dann darauf, daß der Hund ausreichend Flüssigkeit zu sich nimmt.

Halbfeuchte Futter enthalten im Grunde die gleichen Rohmaterialien wie Trockenfutter. Der Wassergehalt liegt bei 20 bis 30 Prozent. Wegen der besseren Haltbarkeit und Wasserverbindung werden Propylenglykol und Zucker beigemengt. Deshalb wird das Futter auch in luft- und wasserdichte Papier- und Plastiktüten verpackt.

Feuchtfutter (Dosenfutter) enthält neben Fleisch und Schlachtnebenprodukten auch pflanzliche Eiweißbestandteile. Als Kohlehydrat wird häufig Reis zugesetzt. Die Flüssigkeit wird durch Dickungs- und Geliermittel gebunden. Der Wassergehalt liegt hier bei 70 bis 80 Prozent. Weil der Wassergehalt schwankt, kann Feuchtfutter allerdings schwer nach der Menge der Einzelbestandteile beurteilt werden.

Außerdem gibt es Ergänzungsfuttermittel wie Flocken sowie Vitamin- und Mineralstoffpräparate, die nur mit anderen Futtermitteln zusammengemischt die bedarfsgerechte Ernährung sichern.

Egal, für welche Form Sie sich entscheiden, schon für den Welpen sollte neben der Futterschüssel auch immer der frisch gefüllte Wassernapf stehen.

Tip

Der Dalmatiner gehört zu den Rassen, die unter Harnsäureproblemen leiden können. Deshalb sollte seine Ernährung nicht überwiegend aus Fleisch bestehen. Achten Sie daher bei der Auswahl des Fertigproduktes darauf, daß der Fleischanteil unter 23 Prozent der Trockenmasse liegt.

Vorsicht! ⚠

Auf keinen Fall sollten Sie rohes Schweinefleisch füttern, da so die Aujeszkysche Krankheit übertragen werden kann, eine Viruserkrankung, die bei Hunden und Katzen immer tödlich verläuft. Auch von der Fütterung von rohem Rindfleisch sollten Sie absehen, da es beim Metzger in Kontakt mit Schweinefleisch geraten sein könnte. Eine Infektion mit dem Virus ist auch auf diese Weise möglich.

Mahl-»Zeiten«

Der Züchter füttert ab der 3. Lebenswoche bereits spezielle Welpennahrung ergänzend zur Muttermilch. Bei ihm erhalten Sie für die Anfangszeit auch einen Futterplan. Da radikale Futterumstellungen immer vermieden werden sollten, ist es besser, sich daran zu halten. Manche Züchter haben ihre Hunde bereits an vier Mahlzeiten täglich gewöhnt, andere füttern noch fünfmal. Geben Sie

Ihrem neuen Mitbewohner sein Fressen stets zu den gleichen Zeiten und am selben Platz. Bis zum Alter von ca. sechs Monaten sollte der Hund dreimal, danach nur noch zweimal täglich gefüttert werden. Er wird sich schnell daran gewöhnen und auch seine Verdauung darauf einstellen. Die erste Mahlzeit bekommt er nach dem Morgenspaziergang. Lassen Sie ihn aber zunächst verschnaufen und etwas trinken. Die zweite Schüssel gibt es abends zwischen 19 und 20 Uhr, weil er sich dann vor dem Schlafengehen nochmals lösen kann. Ob Sie zu beiden Mahlzeiten gleich viel geben oder die Hauptmahlzeit auf den Abend verlegen, ist von Hund zu Hund verschieden. Füttern Sie aber nie zu heiß oder zu kalt, direkt aus dem Kühlschrank. Geben Sie Ihrem Hund nur so viel, wie er innerhalb von 15 Minuten fressen kann. Gönnen Sie ihm aber dabei die nötige Ruhe, und auch hinterher muß er erst mal ein Nickerchen einlegen dürfen. Lassen Sie Futterreste nie im Napf liegen, und reinigen Sie die Näpfe immer sorgfältig mit heißem Wasser oder in der Spülmaschine.

Magendrehung: Der Freßnapf sollte nicht am Boden, sondern leicht erhöht stehen, da dadurch das gefährliche Mitschlucken von Luft, das zu einer lebensbedrohenden Magendrehung führen kann, verhindert wird. Um diesem gefährlichen Befund vorzubeugen, sollten Sie mit Ihrem Hund nie direkt nach dem Fressen spielen, sondern ihm stets die zur Verdauung nötige Ruhe gönnen. Warum sich der Magen um seine Achse dreht, ist bis heute nicht ganz klar. Die Symptome sind fast immer dieselben:

- Der Hund ist sehr unruhig, er atmet schnell und flach.
- Vor allem im vorderen Bereich ist der Bauch aufgetrieben.
- Er streckt den Hals nach vorn und würgt, ohne jedoch brechen zu können.

Je nachdem, wie stark der Magen verdreht und überdehnt ist, kann sich der Zustand rapide verschlechtern und der Hund innerhalb von 30 bis 60 Minuten an einem schweren Schock sterben. Bei länger anhaltender Magendrehung können auch Regionen der Magenwand absterben. Werden sie nicht chirurgisch entfernt, kommt es zum Magendurchbruch.

Das »kleine« Zwischendurch

Knochen als Leckerli sind absolut tabu. Sie können zu Verstopfung, Zahnbrüchen und Verletzungen im Verdauungsapparat führen. Ein Büffelhautknochen eignet sich besser für Zähne und Magen. Leckerlis sollten immer nur eine Belohnung bleiben und nicht zur Zwischenmahlzeit werden. Zwischendurch können Sie Ihrem Hund ruhig einmal ein Stück Apfel oder Möhre geben.

Süße Jugendsünden können auch Hunden das Alter versauern. Achten Sie nicht von Anfang an auf die richtige Futtermenge und das Gewicht Ihres Hundes, ist Übergewicht fast schon vorprogrammiert. Statistisch gesehen haben nicht einmal fünf Prozent aller übergewichtigen Hunde eine dickmachende Krankheit. Über 95 Prozent der übergewichtigen Vierbeiner haben ganz einfach einen

Das sollte nicht passieren, nicht nur, weil es der Linie schadet.

zu gesegneten Appetit. »Rettungsringe« um den Bauch aber machen auch Hunde krank. So leiden dicke Hunde um 74 Prozent häufiger an Herz-Kreislauf-Erkrankungen, 24 Prozent leiden an ernsthaften Überbeanspruchungsfolgen wie Arthritis, Bandscheibenschäden und Kreuzbandrissen. Auch Fruchtbarkeitsstörungen, Erkrankungen an den Geschlechtsorganen und Diabetes mellitus (Zuckerkrankheit) werden durch Übergewicht begünstigt. Da die Haut als Ausscheidungsorgan sensibel auf Stoffwechselveränderungen reagiert, treten auch Hautkrankheiten bei dicken Hunden um 40 Prozent häufiger auf. Sie neigen außerdem um 50 Prozent häufiger zu Tumoren als normalgewichtige Hunde.

Vorsicht! ⚠

Frißt ein Hund nur 1 Prozent mehr, als er braucht, hat er mit drei oder vier Jahren bereits 25 Prozent Übergewicht. Auch ein kleines Leckerli zwischendurch kann also dick machen.

Richtig abgespeckt

Hat Ihr Dalmatiner zuviel Speck auf den Rippen, ist er nicht nur ein »Schandfleck« für seine Rasse, das Übergewicht schadet auf Dauer auch seiner Gesundheit. Auf welche Art und Weise Ihr Hund das Zuviel wieder loswerden kann, beraten Sie am besten mit Ihrem Tierarzt.

- Bei der Reduktionsdiät bekommt der Hund zwar die gewohnte Menge zu fressen, das spezielle Diätfutter enthält jedoch weniger Energie. Die meisten Sorten gibt es nur beim Tierarzt, um die fachgerechte Anwendung sicherzustellen.

Fröhliches Toben mit »Kollegen« hält fit und schlank.

Tip

Im Idealfall sollte der Vierbeiner pro Woche 2 bis 4 Prozent des Übergewichts verlieren.

- 10 Prozent des normalen Alleinfutters wird durch einen Füllstoff, z. B. Futterzellulose, ersetzt. Auch hier muß der Tierarzt den Hund überwachen, da es auf lange Sicht zu Mangelsituationen kommen kann.
- Als FdH-Version für Hunde wird das bisherige Alleinfutter auf zwei Drittel der Tagesration gekürzt. Meist hat der Patient dabei aber ständig Hunger und wird auf Dauer nicht ausreichend mit allen Nahrungsbestandteilen versorgt. Diese Abspekkungsvariante ist also eher nicht zu empfehlen.

Je nach Gesundheitszustand des Hundes sollten Sie neben der Diät das Bewegungspensum steigern. Langsames Gehen verdoppelt den Energieverbrauch im Vergleich zum Ruhestoffwechsel, flottes Gehen verdreifacht ihn. Wiegen Sie Ihren Dalmatiner einmal pro Woche, notieren Sie die Werte und lassen Sie den Hund alle zwei bis drei Wochen vom Tierarzt durchchecken. Am Ende der Diät wird die Nahrungszufuhr pro Woche um 10 Prozent erhöht. Bleibt das Gewicht konstant, können Sie die Tagesration beibehalten.

KAPITEL 6

Kleiner Hunde-knigge

Dalmatiner sind gelehrig und sensibel. Mit viel Liebe und Einfühlungsvermögen erzogen, machen Sie aus Ihrem Hund schon bald einen »Musterschüler«.

»Dem Hunde, wenn er gut erzogen, ist selbst der weise Mann gewogen.« Diese alte Weisheit, die von keinem Geringeren als Goethe stammt, scheint heute aktueller denn je. Denn weil sich einige Hunde »danebenbenehmen«, gibt es leider immer wieder Diskussionen und Konflikte rund um unsere Vierbeiner. Verantwortlich dafür, daß ein Hund seine Notdurft auf dem Gehsteig verrichtet, andere Hunde oder sogar Menschen angreift, ist jedoch nur der Mensch, der es versäumt hat, seinen Hund früh genug mit dem Hundeknigge bekannt zu machen. Das Fehlverhalten eines Hundes liegt immer im Fehlverhalten seines Besitzers bzw. in der Art und Weise seiner Aufzucht begründet. Eine gute Erziehung dient also dem harmonischen Zusammenleben in der Familie, mit Nachbarn und mit anderen Tieren. Hunde sind zwar intelligent, aber sie lernen aus Erfahrung. Antiautoritäre Erziehung ist bei kleinen Hunden ebenso unangebracht wie bei kleinen Kindern. Sie müssen ihre Grenzen kennenlernen und erfahren, was richtig und was falsch ist. Ein Vierbeiner, dem man nicht zeigt, wo er in seinem Rudel steht, ist im wahrsten Sinne des Wor-

Tip

Erziehung dauert ein Hundeleben lang. Wenn es Ihnen Spaß macht, wird aber auch Ihr Hund Freude daran haben, etwas Neues dazuzulernen.

Tip

Halten Sie sich an feste Fütterungszeiten, merken Sie sich die Spanne zwischen Fressen und dem Drang nach draußen, und führen Sie dann pünktliche Ausgehzeiten ein. Meist werden Welpen so in wenigen Tagen stubenrein.

tes ein »armer Hund«. Der Dalmatiner ist ein aufmerksamer und gelehriger Schüler. Aufgrund seiner Feinfühligkeit braucht er aber einen sehr sensiblen Lehrer mit viel Fingerspitzengefühl. Weisen Sie ihm liebevoll, aber dennoch konsequent den richtigen Weg. Wenn Sie die Grundregeln der Hundeerziehung beachten, wird sich Ihr Dalmatiner im Laufe der Zeit ganz von selbst zum Musterknaben entwickeln.

Die ersten Benimmregeln muß der Welpe kennenlernen, sobald er in sein neues Heim kommt. Denn bei allem, was er tut oder anstellt, wird er bemerken, ob etwas erwünscht ist oder nicht, je nachdem, wie sein Mensch darauf reagiert. Alles, was Sie in dieser sensiblen Phase des Hundes versäumen, werden Sie später nur noch sehr schwer und mit der Hilfe von qualifizierten Fachleuten korrigieren können. Wichtig ist auch, daß nur einer in der Familie die eigentliche Erziehungsaufgabe übernimmt. Alle Familienmitglieder müssen aber unbedingt die gleichen Kommandos und Zeichen verwenden, um den Hund nicht zu verwirren. Natürlich dürfen Sie beim Unterricht nicht unter Zeitdruck stehen oder mit Widerwillen an die Ausbildung herangehen.

Kein Ärger mit dem »Geschäft«

Manche Welpen melden sich von sich aus, wenn es Zeit wird, nach draußen zu gehen. Zeigen Sie Ihrem Hundekind einen geeigneten Platz, wo es sein »Geschäft« verrichten kann. Setzen Sie es nach dem Aufwachen und nach dem Fressen dorthin, und verwenden Sie immer dasselbe Schlüsselwort, z. B. »Häufchen!« oder »Pfützchen!« oder einen anderen Begriff Ihrer Wahl. Nach getaner Tat dürfen Sie nicht vergessen, Ihren Welpen ausgiebig zu loben. Auf keinen Fall dürfen Sie ihn bestrafen, wenn ihm in der Wohnung ein Mißgeschick passiert ist, oder ihn gar mit der Nase hineinstoßen. Als »Nasentier« wird er Ihnen diese grobe Behandlung übelnehmen. Packen Sie ihn statt dessen, wie die Hundemutter, kurz im Nacken, schütteln ihn und benützen wieder ein Schlüsselwort wie »Pfui!« oder »Nein!«. Haufen und Pfützen in der Wohnung, die Sie erst im nachhinein entdecken, müssen Sie ignorieren. Da ein Hund

Geschäftliches

Ungeduld beim Gassigehen rächt sich mit der Zeit. Wer sofort nach Hause eilt, wenn sein Hund brav beide Aufgaben erledigt hat, erzieht ihn geradezu zur Unsauberkeit. Denn für ihn bedeutet das Beinheben oder Hinsetzen dann, daß der vergnügliche Spaziergang bereits zu Ende ist. Und so wird der Hund seine Angelegenheiten immer mehr hinauszögern, um noch ein bißchen länger unterwegs zu sein. Dies kann sogar dazu führen, daß er unterwegs gar nicht mehr »muß«, sondern sich erst in der Wohnung »entleert«. Gönnen Sie Ihrem Vierbeiner daher nach dem »Geschäft« noch eine kleine Runde oder ein lustiges Spiel.

nur unmittelbar aufeinanderfolgende Situationen miteinander verknüpfen kann, versteht er sonst nicht, warum er bestraft wird.

Auch wenn es in Ihrer Gemeinde keine Strafen gibt, sollten Sie aus Rücksicht auf Ihre Mitmenschen die Hinterlassenschaften Ihres Vierbeiners mit einer Plastiktüte entsorgen. Manche Städte haben mittlerweile auch ausgewiesene Hundetoiletten eingerichtet, wo koten erlaubt ist.

Erste Lektionen in der Hundeschule

Im spielerischen Umgang bekommt der Welpe das erste Rüstzeug mit, das er für sein späteres Leben benötigt. Vergessen Sie dabei aber nicht, daß Sie es noch mit einem Hundebaby zu tun haben. Wichtig ist, daß der Welpe nie den Spaß an den Übungen verliert. Manche Dinge wird er schnell begreifen, bei anderen werden Sie sich Wochen, mitunter sogar Monate in Geduld üben müssen. Trainieren Sie anfangs nicht länger als ein paar Minuten. Später können Sie nach einer Ruhe- oder Spielpause einzelne Übungen auch mehrfach wiederholen. Macht der Hund etwas richtig, muß er aber von Anfang an dafür gelobt werden. Er lernt dabei, daß richtiges Verhalten bei seinem Menschen Freude auslöst, und das freut wiederum den Hund. Führen Sie jede Übung unbedingt bis zum Schluß durch, und bleiben Sie ruhig, auch wenn sie nicht auf Anhieb klappt. Fangen Sie erst mit einer neuen Lektion an, wenn die vorhergehende(n) sitzt(en), und beenden Sie die Übung nie mit einem Mißerfolg. Frust ist kein guter Lehrmeister. Wenn eine neue Übung noch nicht richtig klappen will, wiederholen Sie zum Schluß besser eine, die der Welpe bereits »im Schlaf« beherrscht. Das Erfolgserlebnis wird ihm im Gedächtnis bleiben und ihn beim nächsten Training anspornen.

Bei aller Konsequenz darf Hundeerziehung aber auf keinen Fall als Dressur verstanden werden. Ein Vierbeiner soll freudig gehorchen und nicht, weil er eine Strafe fürchtet. Ein scharfer Leinenruck ist daher auch in guten Hundeschulen die schlimmste Strafe, die dem Hund drohen kann. Liebesentzug und Handgreiflichkeiten sind kein Mittel zur Hundeerziehung. So verliert der Vierbeiner nur das Vertrauen zu Ihnen, wird handscheu oder bekommt Angst vor der Zeitung. Auch bei Hunden »macht der Ton die Musik«. Geben Sie dem Übeltäter mit etwas Schärfe in der Stimme durch ein »Aus!« oder »Pfui!« zu verstehen, daß Sie mit seinem Verhalten nicht einverstanden sind. Das ist Strafe genug.

Tip
Üben Sie täglich, an verschiedenen Orten und mit verschiedenen Unterrichtszielen. Die einzelnen Übungen sollten etwa 10 bis 15 Minuten dauern. Trainieren Sie aber nicht mehr als zwei- bis dreimal täglich.

»Komm!«

Zunächst sollte der Welpe lernen, auf ein Kommando hin sofort zu Ihnen zu kommen. Fangen Sie am besten damit an, wenn er ohnehin gerade zu Ihnen unterwegs ist. So wird er das Kommando »Komm!« schon bald mit seinem Tun verknüpfen. Zur Verstärkung können Sie dabei auch kurz mit der flachen Hand auf Ihren Schenkel klopfen. Damit er das Herkommen

»Fuß!« Diese beiden müssen noch ein bißchen mehr üben. Der Dalmatiner zieht zur Seite weg.

immer mit etwas Positivem verbindet, loben Sie ihn überschwenglich, wenn er brav zu Ihnen gelaufen ist. Anfangs können Sie ihn auch mit einem Leckerbissen belohnen. Hat er die Lektion verstanden, rufen Sie ihn auch, wenn er gerade beschäftigt ist. Denn zu Ihrer und seiner Sicherheit ist es wichtig, daß er später auch in Gefahrensituationen jederzeit von Ihnen abberufen werden kann. Machen Sie aber nie den Fehler, ihn sofort anzuleinen. Sonst wird er dies als Strafe fürs Zurückkommen empfinden. Spielen Sie ein bißchen mit ihm, und leinen Sie ihn ganz nebenbei an.

»Fuß!«

Der Welpe wird das Halsband zunächst als Fremdkörper empfinden. Legen Sie es ihm zunächst nur für kurze Zeit an. Hat er sich an das merkwürdige Ding um den Hals gewöhnt, können Sie ebenfalls in der vertrauten Umgebung, in der Wohnung oder im Garten, die ersten Gehversuche an der Leine machen. Anfangs müssen Sie sich ein bißchen auf das freiwillige Mitlaufen des kleinen Welpen verlassen. Auch wenn er zunächst zieht, stehenbleibt oder in die Leine beißt, bleiben Sie tolerant. Es wird nicht lange dauern, und der Welpe wird Ihnen freiwillig hinterherlaufen. Macht das Mitlaufen keine Probleme mehr, können Sie ihn etwa ab der 12. Lebenswoche ganz sanft an das Bei-Fuß-Gehen gewöhnen. Bringen Sie ihn nach einigen Schritten wie von selbst auf Ihre linke Seite, und sagen Sie gleichzeitig kurz und prägnant »Fuß!«. Durch einen leichten Zug an der Leine wird der Welpe gezwungen, sich Ihrem Schritt anzupassen. Bei etwas älteren Hunden, die schon in der »Weiterbildung« stekken, müssen Sie den Zug an der Leine durch einen kurzen und kräftigen Gegenruck beantworten. Ein langsamer Zug an der Leine trainiert nur die Halsmuskeln eines Hundes.

»Sitz!«

Auch »Sitz!« lernt der Welpe aus der Praxis heraus. Gebrauchen Sie dieses Kommando, wenn er gerade dabei ist, sich zu hinsetzen. Heben Sie zur Erhöhung der Aufmerksamkeit den Zeigefinger der rechten Hand, wenn er Sie beim Hinsetzen ansieht. Alternativ oder abwechselnd können Sie sich auch neben den Hund stellen und sein Hinterteil über den Hinterbeinen sanft so lange nach unten drücken, bis er sitzt. Benützen Sie dabei ebenfalls laut und deutlich das Schlüsselwort »Sitz!«, und loben Sie ihn freudig, wenn er brav mitgemacht hat. Nach einiger Zeit können Sie die Übung ohne Unterstützung der Hand probieren.

»Platz!«

Aus dem »Sitz!« heraus können Sie mit dem etwas älteren Junghund dann zur nächsten Lektion übergehen. Lassen Sie den Hund absitzen, und locken Sie ihn mit einem Leckerbissen in der Hand in die gewünschte Position. Natürlich gibt es auch hier ein Lob, wenn es geklappt hat. Zur Unterstützung können Sie den Hund auch sanft mit der einen Hand im Schulterbereich nach unten drükken, während Sie mit der anderen die Vorderpfoten nach vorne ziehen. Nach einiger Zeit wird diese Übung auch ohne Leckerbissen klappen.

»Sitz!« – na also, klappt doch prima.

»Bleib!«

Ist Ihr Dalmatiner etwa fünf bis sechs Monate alt, können Sie die erlernten Kommandos erweitern. Lassen Sie den Hund sitzen oder liegen, und entfernen Sie sich dann langsam rückwärts von ihm. Sehen Sie den Hund an, und sagen Sie laut und deutlich »Bleib!«. Steht der Hund auf, gehen Sie sofort zurück und lassen ihn seine vorherige Position wieder einnehmen. Dehnen Sie die Sitz- und Platz-Zeiten immer mehr aus. Ganz allmählich wird Ihr Hund auch sitzen oder liegenbleiben, wenn Sie zehn Meter oder mehr von ihm entfernt sind. Allerdings erfordert diese Übung besonders viel Zeit und Geduld. Loben Sie Ihren Hund viel, und bleiben Sie immer konsequent, aber überfordern Sie ihn dabei auf keinen Fall.

Auch Hunde haben nicht immer einen guten Tag. Will eine neue Lektion noch nicht klappen, dann schließen Sie das Training mit einer leichteren Übung ab und heben sich die Fortsetzung für den nächsten Tag auf.

Da der Dalmatiner ein relativ »spätreifer« Hund ist, sollten Sie mit

Auch »Platz!« gehört zu den Kommandos, die jeder Hund zuverlässig ausführen sollte.

der weiteren Ausbildung nicht beginnen, bevor er ein Jahr alt ist. Jetzt können Sie die Leinenführigkeit erweitern, so daß der Hund auch mit durchhängender Leine neben Ihnen geht und als nächsten Schritt in der sogenannten Freifolge ohne Leine am linken Fuß läuft.

In der Fährtenarbeit wird eine wesentliche Naturbegabung des Hundes genutzt, die auch unter Wettkampfbedingungen auf freiem Feld von Richtern bewertet werden kann. Obwohl die Rasse keinesfalls dafür prädestiniert ist, können einzelne Dalmatiner auch die Schutzhundeprüfung angehen, die es in den Schwierigkeitskategorien Schutzhundeprüfung I, II und III gibt. Nach der Grundausbildung bietet sich dem Dalmatinerfreund außerdem eine breite Palette an Hundesportarten. Ihr Getupfter wird Sie hier wie dort mit Begeisterung begleiten. (S. 72).

Die Art des Trainings muß sich dabei immer nach den individuellen Fähigkeiten Ihres Hundes richten. Fordern Sie nie etwas von ihm, das er nicht verstehen oder nicht leisten kann.

Der »verlängerte Arm«

Bei der Erziehung und Ausbildung dient die Leine nicht als Einschränkung der Freiheit, sondern als Kontakt zwischen Mensch und Tier. Sie ist für den Hund eine wichtige Verbindung zu seinem Menschen und signalisiert dem noch unsicheren Tier, was sein neuer Besitzer von ihm will. Für einen ängstlichen Hund ist sie fast so etwas wie die Hand, an die er genommen wird. Deshalb darf eine Leine auch nicht schmerzhaft sein oder gar zur Bestrafung verwendet werden. Das erste Halsband sollte immer aus weichem Leder sein. Es darf Ihrem Hund nicht die Luft abschnüren, Sie sollten aber dennoch darüber auf ihn einwirken können. Ein Halsband sollte weich und geschmeidig und so breit sein, daß es zwei Halswirbel bedeckt und so lokker um den Hals liegt, daß noch leicht zwei Finger dazwischen passen. Kettenhalsbänder sind nur sinnvoll bei ausgewachsenen Hunden für das Bei-Fuß-Training auf dem Hundeplatz. Durch ihre individuelle Weitenverstellbarkeit kann der Leinenruck ohne Spielraum unmittelbar übertragen werden und ist damit abgeschwächt. Beim Spielen oder auch bei Auseinandersetzungen jedoch können sich Hunde mit solchen Kettenhalsbändern ernsthaft verletzen, weil sie mit Krallen und Zähnen leicht hängenbleiben. Vergessen Sie auch nicht, Ihrem Vierbeiner nach gemeinsamen Aktionen Leine und Halsband abzunehmen. Das ist für den Hund nicht nur angenehmer, weil die Haut besser atmen kann, es ist auch psychologisch klug. Schon bald wird er nämlich beim Anlegen des Halsbandes wissen, daß nun gemeinsames Training oder Spaziergänge angesagt sind, und er wird Ihnen seine volle Aufmerksamkeit schenken. Bei der Leinenlänge sollten Sie darauf achten, daß der Hund aufrecht eine ganze Hundelänge vor Ihrem Knie gehen kann, ohne daß sie straff gespannt ist. Das Leinenende liegt dabei in Ihrer lose herabhängenden Hand. Leinen mit Stopp-Automatik sind nicht zur Erziehung gedacht. Sie eignen sich lediglich als verlängerter Auslauf in Gegenden mit Leinenzwang.

Sollten Sie noch keine oder wenig Hundeerfahrung haben, ist eine Ausbildung auf dem Hundeplatz empfehlenswert, da hier nicht nur der Hund, sondern auch der Mensch sehr viel lernen kann. Außerdem dient es dem Wohlbefinden des Junghundes, wenn er mit neuen Dingen konfrontiert wird und neue Erfahrungen machen kann.

Dalmatiner sind verspielt und lernen leicht kleine Kunststückchen.

Auch Spaß muß sein

Über dem »Ernst des Lebens« in der Hundeschule darf auf keinen Fall der beinahe unersättliche Spieltrieb der Hundekinder vergessen werden. Meist fehlen nämlich gerade dem vom neuen Besitzer übernommenen Welpen die Begegnungen mit Artgenossen, die für ihn in diesem Alter entscheidend sind. Erfahrungen, die ein Welpe in den ersten 16 Wochen seines Lebens nicht machen konnte, gehören auch für den erwachsenen Hund später nicht zur normalen Welt. Gemeinsames Spielen trainiert nicht nur die Muskeln und die Wahr-

Ausgelassenes Spielen mit Artgenossen ist wichtig.

nehmungs- und Reaktionsfähigkeit der Kleinen, es ist auch wichtig für die inner- und außerartliche Verständigung im Gemeinschaftsleben. Viele engagierte Hundezüchter und -clubs bieten daher sogenannte Prägungsspieltage in mehr oder weniger organisierter Form an. Während dieser wichtigen zweiten Wesensprägungsphase treffen sich die Hundeführer mit etwa gleichaltrigen Welpen meist zweimal wöchentlich für etwa zwei bis drei Stunden und absolvieren unter fachkundiger Anleitung ein ausgewähltes Spielprogramm. So können sich die Welpen schrittweise auf ihre so ganz und gar nicht hundegerechte Umwelt einstellen. Spielerisch erfahren sie, daß man sich weder vor Straßenlärm noch vor Trillerpfeifen, Autohupen oder lärmenden Blechbüchsen ängstigen muß, und entwickeln so ein selbstsicheres Allgemeinverhalten. Neben gemeinsamen Fütterungszeiten wird natürlich auch einfach nur ausgiebig mit anderen Welpen und mit wechselnden Menschen gespielt.

Während sich bei den meisten Säugetierarten der Spieltrieb mit zunehmendem Alter legt, bleibt der Hund in dieser Beziehung sein Leben lang ein »erwachsenes Kind«, und ein Dalmatiner ganz besonders. Vor allem bis zum 4. Lebensjahr ist er kaum zu bremsen, enorm spiel- und lauffreudig, übermütig und strotzt geradezu vor Kraft und vor überschäumendem Temperament. Bis zum 8. Lebensjahr wird er zwar etwas ruhiger und ausgeglichener, dennoch weiß er ausgelassene Spielstunden mit Zwei- und Vierbeinern weiterhin zu genießen. Erst ab dem 8. bis 10. Lebensjahr fangen dann die ersten Altersbeschwerden an, die Bewegungen werden langsamer, und der Hund ist nicht mehr so verspielt. In der Wahl seiner Spielsachen ist ein Dalmatiner ausgesprochen erfinderisch. Ob mit Bällen, Spieltieren, leeren Plastikflaschen, einem alten Handtuch, einem Ast, mit Artgenossen oder auch mit uns Zweibeinern, die ganze Hundewelt ist voller herrlicher Dinge, mit denen man spielen kann. Und jede

Nehmen Sie Ihren Junghund mit, sooft es geht. Gehen Sie mit ihm über den Bahnhof, durch eine frequentierte Fußgängerzone oder zum Rummelplatz. Er muß lernen, sich an unbekannte Gerüche und Geräusche zu gewöhnen. Alles, was er jetzt kennenlernt, wird er auch später als normal empfinden. Natürlich dürfen Sie dabei sein Aufnahmevermögen und seine Neugierde nicht überfordern.

Art von Spiel hat eine andere Bedeutung. Mit Seinesgleichen lernt er seine Grenzen und die Stellung im Rudel kennen. Im Spiel mit Dingen tobt er seinen Jagd- und Apportierinstinkt aus und wird überschüssige Energien los. In seine Rangeleien mit Artgenossen sollten Sie sich niemals einmischen, die Vierbeiner machen das Rollenspiel besser unter sich aus. Vergnügt sich der Hund mit Spielzeug anderer Art, dann können Sie ruhig mitmischen. Beachten Sie aber, daß Sie am Schluß stets als der Sieger aus dem Spiel hervorgehen. Sie sollten also den Ball oder den Stock nach dem Spiel an sich nehmen, wenn Sie im Rudel der Boß bleiben wollen.

Welpen nagen gern alles an.

Flegeljahre

Mit acht bis 20 Wochen hat der Welpe noch seine Milchzähne, mit denen er im neuen Heim noch nicht allzuviel anstellen kann. Nach dem Wechsel zum endgültigen Gebiß sind Kiefer und Zähne jedoch kräftig genug, um sie an Tischbeinen oder Schuhen auszuprobieren. Nehmen Sie es lachend als Babytorheit hin, daß der Welpe an einem alten Schuh herumknabbert, wird er sich auch als Halbwüchsiger schon bald die geliebten Pumps als Kauspielzeug vornehmen. Dennoch ist es falsch, den Welpen deswegen auszuschimpfen. Zum einen muß ein Hund nagen, um sein Gebiß richtig zu entwickeln, zum anderen benagt er Dinge, die nach seinem Menschen riechen, einfach besonders gern. Zwar sind unsere Haushunde nicht mehr wie wild lebende Hunde darauf angewiesen, ihre Umwelt genauestens zu erkunden, wenn sie überleben wollen, trotzdem haben sie diese Verhaltensweisen von den Ahnen geerbt. Wild lebende Rudelmitglieder bringen in dieser Entwicklungsphase ihrem Nachwuchs die ersten Fleischbrocken an. Für unseren kleinen Dalmatiner spielt es in dem Fall keine Rolle, ob das »Geschenk« seines Rudelmitglieds nun

Vorsichtig wird der fremde Gegenstand beschnuppert.

ein saftiger Happen oder ein Pantoffel ist. Deshalb kann er auch gar nicht begreifen, warum er wegen einer für ihn absolut natürlichen Verhaltensweise ausgeschimpft wird. Sperren Sie also die Schuhe weg, und geben Sie ihm statt dessen einen geeigneten Ersatz zum Nagen, z. B. einen Kauknochen aus Büffelhaut.

Während wir es bei einem Welpen meist noch rührend finden, wenn er uns umarmen und mit einem dicken Hundekuß begrüßen will, wird uns diese feucht-fröhliche Begrüßungszeremonie beim stürmischen Halbwüchsigen schon bald ziemlich lästig. Für den Hund allerdings ist es unverständlich, warum das, was monatelang normal war, jetzt von einem Tag auf den anderen verboten sein soll. Wenn Sie versuchen, sein Begrüßungsritual durch ein anderes zu ersetzen, wird er allmählich begreifen, daß man Menschen auf andere Weise guten Tag sagt als Hunden: Treten Sie beispielsweise, kurz bevor Ihr Dalmatiner Sie anspringt, zur Seite. Dann rufen Sie seinen Namen, und lassen Sie ihn sitzen. Zeigen Sie ihm dabei gleichzeitig sein Spielzeug oder einen Leckerbissen. Wenn er sich hingesetzt hat, geben Sie ihm die Belohnung und loben ihn. Schon bald wird ihm auch ein Streicheln als Begrüßung genügen.

Allein, aber nicht einsam

Als Rudeltier kann der Hund nur sehr schwer verstehen, warum er gelegentlich allein bleiben muß. Seine Menschen sind sein Rudel, das er um sich haben will. Deshalb muß er so bald wie möglich lernen, daß das Alleinbleiben für ein paar Stunden am Tag ganz normaler Alltag und gar nicht so schlimm ist. Gewöhnen Sie bereits den Welpen daran, wird es später keine Probleme geben. Am besten beginnen Sie mit dem Training nach einem ausgelassenen Spiel, wenn der Kleine erschöpft in seinem Körbchen liegt. Geben Sie ihm einen Kauknochen oder ein Spielzeug zur Beschäftigung, und gehen Sie ohne ein Wort nach draußen. Gehen Sie aber ganz selbstverständlich ohne große Vorankündigung weg. Kommen Sie nach etwa fünf Minuten ohne großes Begrüßungszeremoniell zurück, und legen Sie Ihrem Vierbeiner als Belohnung fürs Alleinebleiben einen Leckerbissen hin. Dehnen Sie Ihre Ausgehzeiten täglich weiter aus, und begrüßen Sie ihn stets mit einem Leckerbissen oder einem lustigen Spiel. So verknüpft der Welpe mit der Zeit Ihr Weggehen mit guten Erwartungen. Auch wenn er zu Beginn des Trainings jämmerlich weint, müssen Sie konsequent bleiben.

Angsthasen werden nicht geboren

Wenn Sie Ihren Welpen beim Züchter abgeholt haben, wird er etwa ein halbes Jahr lang alles Neue skeptisch begutachten und in Schubladen stekken, je nachdem ob er es als angenehm, unangenehm oder gar schrecklich empfand. Je älter der Hund wird, desto mißtrauischer wird er gegenüber ungewohnten Situationen. Auch Mißgeschicke wie schmerzhafte Erfahrungen durch eine Rauferei, Verlassenheitsgefühl beim Silvesterfeuerwerk oder ein Autounfall können aus einem neugierigen Hund plötzlich einen überängstlichen machen. Als Hundebesitzer brauchen Sie nun

Dalmatiner sind ideale Reisegefährten.

Autofahren

Wenn Sie Ihren Welpen schon von klein auf ans Autofahren gewöhnen, wird er sich zum leidenschaftlichen Beifahrer entwickeln. Zunächst wird den meisten Welpen zwar bei der ersten Autofahrt übel, lassen Sie sich davon jedoch nicht entmutigen. Am besten übernimmt bei der »Jungfernfahrt« ein Freund oder Bekannter das Steuer. Setzen Sie sich mit dem Hund auf dem Schoß auf den Rücksitz, und sprechen Sie mit ruhiger und leiser Stimme mit ihm.

Beginnen Sie mit kürzeren Fahrstrecken, und beenden Sie das Fahrtraining immer mit einem ausgelassenen Spiel. So wird sich Ihr Vierbeiner schon bald auf die nächste Tour freuen.

viel Einfühlungsvermögen. Schnelle Bewegungen oder gar Schimpfen oder Strafen verunsichern ihn jetzt noch mehr. Aber auch Trösten wäre hier die falsche Taktik. Dadurch bekommt Ihr Hund nur die Bestätigung, daß er zu Recht Angst hat. War der Auslöser der Angst ein Schock oder ein Unfall, können Sie nur versuchen, die schlechten Erfahrungen mit guten allmählich zu überdecken. Ob Sie die Angst tatsächlich für immer verbannen können, hängt auch davon ab, wie eng sich Ihr Hund an Sie angeschlossen hat, wie lange er mit dieser Angst gelebt hat und wie tief sie sitzt.

»Hinter dem Horizont geht's weiter...«

Hundeschule für Kids

Gerade der vom Wolf ererbte Charakter macht den Hund zum idealen Gefährten des Menschen, auch des Kindes. Im Familienrudel kann er Beziehungen zu einer Kleingruppe von Ranghöheren und Rangniedrigeren aufbauen und fühlt sich daher nie allein. Die Eltern sind dabei die Rudelführer, ältere Kinder gelten als Rudelmitglieder unterschiedlichen Rangs, und die Kleinen sind für ihn ganz einfach Welpen, außerhalb der Rangordnung. Jeder im Rudel hat Rücksicht auf sie zu nehmen, Menschen und Hunde. Dem normalen Hund ist also Kinderduldung angeboren, Kinderfreundlichkeit und -liebe muß er allerdings lernen. Zwar ist ein Hund auch im Kreise seiner vier-

Dalmis sind herrliche Spielkameraden.

Punkt für Punkt im Partnerlook

beinigen Wurfgeschwister gewissen Grobheiten ausgesetzt, aber selbst der gutmütigste Vierbeiner läßt nicht alles mit sich anstellen. Wo aus Spiel Grausamkeit wird, setzt er sich zur Wehr. Obwohl kein anderes Haustier Kinder von Natur aus so nachhaltig anspricht wie ein Hund, müssen sie lernen, wie sie mit Hunden umgehen sollen. Denn nur Fernsehhunde wie *Lassie* oder *Kommissar Rex* reagieren »menschlich«, normale Hunde jedoch ganz anders. Es ist also wichtig, daß Sie Ihren Kindern klarmachen, daß ein Hund kein Spielzeug ist, sondern ein lebendes Wesen, das ebenfalls seine Rechte hat, genauso wie das Kind selbst. Das Kind muß wissen, daß es den Hund nicht quälen darf, ihn nicht schlagen oder erschrecken, am Schwanz oder an den Ohren ziehen, treten oder ihm sein Futter wegnehmen darf. Als Erwachsener sollten Sie im Umgang mit dem Hund Ihren Kindern gegenüber stets ein Vorbild sein. Kinder orientieren sich daran.

In dieses Seidenohr wird noch so manches Geheimnis geflüstert.

Tip

Schon Kleinkinder im Krabbelalter müssen lernen, daß der Futter- und Schlafplatz des Hundes für sie tabu sind. Umgekehrt gilt diese Regel natürlich auch für den Hund.

Ergreifen Sie im Streit zwischen Hund und Kind nie unbesehen die Partei des Kindes. Bestrafen Sie den Hund zu Unrecht, programmieren Sie ihn geradezu zur Heimtücke.

Wenn Sie Familienzuwachs erwarten, sollten Sie den Hund auf das Baby vorbereiten. Kinderzimmer, Babybett und Wickelkommode sollten für den Vierbeiner von Anfang an tabu sein. Schränken Sie die Schmusestunden mit dem Hund ein wenig ein, damit er sich daran gewöhnen kann, daß Sie später nicht mehr ganz so viel Zeit für ihn haben. So wird er den Liebesentzug nicht mit dem Baby in Verbindung bringen. Ist es soweit, muß der Hund die Chance bekommen, das Neugeborene zu »adoptieren«. Zeigen Sie ihm das Baby, reden Sie mit ihm, und streicheln Sie ihn. Darf er den »Welpen« schließlich sogar einmal ablecken, dann hat er ihn akzeptiert. Auf keinen Fall darf Ihr Dalmatiner das Gefühl bekommen, er wäre durch das Kind aus dem Rudel ausgestoßen und nur mehr das fünfte Rad am Wagen. Dennoch sollten Sie Hund und Kind nie zusammen allein lassen.

KAPITEL 7

Kleine Verhaltenskunde

Auch Dalmatiner brauchen ihre Ruhezeiten.

Kluge Hunde schlafen viel

Bereits nach 20 bis 30 Minuten intensiven Spiels werden Welpen müde und müssen ein Nickerchen einlegen. Diese Schlafphasen sind für die gesunde Entwicklung des Hundes unbedingt notwendig. Wird ein Welpe ständig gestört, kommt es zu Störungen im Reifeprozeß, und statt eines ausgeglichenen, fröhlichen Dalmatiners haben Sie später einen nervösen und übersensiblen Hund zu Hause. Deshalb sollten Sie auch darauf achten, daß Kinder ihrem vierbeinigen Spielgefährten die nötige Ruhe gönnen.

Ausgewachsene Hunde haben im Laufe des Tages mehrere Schlafperioden. Während der Nacht schlafen sie über einen längeren Zeitraum, wobei der ruhige Schlaf mit nur kurzen Tiefschlafphasen durchsetzt ist. Die Übergänge zwischen Dösen und Tiefschlaf sind fließend. Wie bei uns Menschen nimmt das Schlafbedürfnis im Laufe des Lebens ab, aber auch für ausgewachsene Hunde hat Schlafentzug schädliche Folgen. Und ähnlich wie bei uns können auch bei ihnen Schlafstörungen auftreten. Wissenschaftler fanden heraus, daß Hunde, die nicht genügend schlafen können, weniger gut lernen und Gelerntes schneller wieder vergessen. Außerdem zeigte sich, daß »Vielschläfer« begabter sind als Hunde, die weniger schlafen.

Instinktiv haben Hunde die Gewohnheit ihrer Ahnen beibehalten, einen Schutzwinkel aufzusuchen. Viele drehen sich wie ihre Vorfahren im Kreis, bevor sie sich hinlegen, gähnen danach herzhaft und zwinkern, bereits ganz schläfrig, mit den Augen. Von gewohntem Lärm oder Gerüchen lassen sich schlafende Hunde übrigens kaum stören. Bei bedrohlich wirkenden Geräuschen wie Knurren und Jaulen oder bei Gerüchen wie Brandgeruch sind sie jedoch sofort hellwach. Die Schlafhaltung selbst ist wetterabhängig. Bei kühleren Temperaturen bevorzugen Hunde die eingerollte Bauchlage, bei wärmeren Temperaturen hingegen liegen die Vierbeiner mehr in der Bauchseitenlage oder in gestreckter Seitenlage, um etwas Abkühlung zu erhalten. An besonders heißen Sommertagen graben sie sich gerne im lockeren, feuchten Erdreich Mulden, um sich Kühlung zu verschaffen.

Freunde fürs Leben – auch wenn eigentlich ein Hund im Kinderbett nichts zu suchen hat.

Vorsicht ⚠

Stellen Sie bei Ihrem Vierbeiner plötzlich Schlafprobleme fest, sollten Sie zur Vorsicht besser den Tierarzt aufsuchen. Schlafstörungen können nämlich organische Ursachen haben, z. B. einen Herzschaden, eine Überfunktion der Leber oder des Stoffwechsels. Auch eine falsche Ernährung kann einem Hund schlaflose Nächte bereiten.

Für uns Hundebesitzer ist es immer wieder ein herrliches Schauspiel, sie im Schlaf zu beobachten. Ob sie allerdings im Traum hinter einer feschen Hundedame oder einem saftigen Braten her sind, werden wir wohl nie erfahren. Obwohl man beim Menschen durch das Messen von Gehirnströmen feststellen kann, wann er träumt und wann nicht, und vergleichbare Aufzeichnungen von schlafenden Säugetieren und Vögeln sehr ähnliche Schlafmuster aufweisen, ist die Traumtheorie unter Wissenschaftlern nach wie vor umstritten. Denn leider kann man Hunde nun einmal nicht nach ihren Träumen befragen. Dennoch gibt es Wissenschaftler, die davon überzeugt sind, daß Hunde träumen. »Da der Gesichtssinn bei Hunden keine so große Rolle spielt wie bei uns Menschen, haben wir sie uns eher als Geruchs- und Bewegungsträume vorzustellen,« erklärt der österreichische Tierarzt und Hundepsychologe Ferdinand

Manche Dalmis liegen gerne im »Froschsitz«.

Brunner. »Wie diese Träume aussehen, darüber können wir Menschen freilich nur Spekulationen anstellen.«

Der richtige »Riecher«

Zwar sehen Hunde ihre Umwelt nur in sanften Pastelltönen und nicht in unserer menschlichen Farbenpracht, dafür sind sie uns jedoch im Zwielicht der Morgen- und Abenddämmerung haushoch überlegen. Und auch ihr Gehör ist feiner als unseres, da sie in höheren Frequenzen auch Töne wahrnehmen können, die im Ultraschallbereich liegen.

Noch besser als die Ohren und Augen jedoch ist der Geruchssinn eines Hundes. 300 Millionen Riechzellen, 60mal mehr als beim Menschen, liefern dem Gehirn Riechbilder. Diese werden vom Geruchsgedächtnis erkannt, geordnet und gespeichert. Außer frischen Geruchsspuren können Hunde auch Gerüche erkennen, die schon über einen Tag alt sind. Sie riechen, ob ein Hund, eine Katze oder ein Mensch die Spur hinterlassen hat und ob sie jemanden buchstäblich »riechen können« oder nicht.

Hunde sprechen mit dem Körper

Und so laufen auch Hundebegegnungen immer nach einem strengen Zeremoniell ab. Zuerst gehen die Tiere aufeinander zu, bis sich ihre Nasen fast berühren. Sie schnuppern kurz und wissen bereits, ob sie sich leiden können oder nicht. Ist die erste Geruchsprobe bestanden, ist die wichtigste Zone an der Reihe: das Hinterteil. Der Geruch der Duftdrüsen, das sogenannte Analgesicht des Hundes, gibt Auskunft über Geschlecht, Alter und Gesundheitszustand des anderen. Je selbstsicherer ein Hund ist, desto offener zeigt er diese Zone. Läßt er seinen Schwanz sinken, gibt er dem anderen damit zu verstehen: »Du bist der Stärkere.«

Hey, kennen wir uns schon?

Jeder Hund prägt sich bei dieser Analkontrolle den Geruch des anderen genau ein und weiß bei der nächsten Begegnung gleich von weitem, mit wem er es zu tun hat.

Die Rute eines Hundes ist wie ein Stimmungsbarometer. Hier können Sie ablesen, ob er zufrieden und gelassen, wütend oder aufgebracht oder voller Angst ist. Hängt der Schwanz mit einer leichten Aufwärtsbewegung der Spitze nach unten, dann ist auch der Gemütszustand des Hundes entspannt. Bei Erregung

Jetzt müssen Sie auf Ihren Dalmirüden achtgeben, diese Rhodesian-Ridgeback-Hündin ist läufig.

beginnt die Schwanzspitze langsam hin- und herzuschwingen. Allerdings bedeutet Wedeln nicht immer nur »Freundlichkeit«, meint die Hundeexpertin und Autorin Gudrun Beckmann. »Die Düfte aus den Analdrüsen sollen (oder sollen auch nicht) möglichst weit und schnell verteilt werden, damit der Partner versteht, was hier zu sagen ist. Und sagen kann man etwas im Guten oder auch im Bösen«, erklärt die Hundeexpertin. »Daß Hunde auch Menschen anwedeln, ist bei dem miserablen Riechvermögen der Menschen eigentlich vergebliche Liebesmüh. Sie tun es trotzdem, und ihr Gegenüber muß nun ganz schnell entscheiden, ob der Hund wirklich fröhlich wedelt oder ob er schon zum Angriff peitscht.«

Auch die Hundeohren sprechen Bände. Bei Neugier und Erwartung heben sich die Hängeohren von den Backen ab. Ist die Geräuschquelle nicht eindeutig zu orten, fangen sie an »zu spielen«. Zusammen mit Ohren und Rute verändert der Hund gleichzeitig auch seine Körperhaltung. Will ein Hund einen anderen herausfordern, stellt sich der Vierbeiner auf die Zehenspitzen, sträubt die Nacken- und Rückenhaare, streckt die Rute und richtet die Ohren nach oben. Das läßt ihn optisch größer erscheinen. Dann scharrt er mit den Vorderpfoten in der Erde und stelzt steif- und breitbeinig auf sein Gegenüber zu. Dieser läßt sich entweder auf den Kampf ein, oder er wendet seinen Blick ab und umgeht damit symbolisch den Kontakt. Ein gesunder Hund berücksichtigt in jedem Fall das Beschwichtigungsgehabe seines Gegners. Sollte es dennoch zu einer Rauferei kommen, darf man als Besitzer nie laut schreien, dazwischenschlagen oder einen von beiden Hunden am Halsband fassen. Denn sonst besteht die Gefahr, daß man gebissen wird. Bleiben Sie möglichst ruhig. Ein Hund spürt die Aufregung oder die Angst seines Besitzers und handelt dementsprechend. Scheint wider Erwarten einer der Raufbolde eindeutig zu unterliegen, packen am besten beide Hundebesitzer ihren Hund gleichzeitig wie einen Schubkarren an beiden Hinterbeinen oder am Schwanz und ziehen sie auseinander. Lassen die Hunde dennoch nicht voneinander ab, sollte man sie schnell auf den Rücken drehen. Erst wenn sie getrennt sind und man den eigenen Hund fest in der Hand hat, kann man ihn anleinen. Normalerweise wird es zu keinen schlimmeren Verletzungen kommen, da innerartliche Kämpfe nur halb so gefährlich sind, wie sie aussehen. Meist verläuft die Begegnung zwischen freilaufenden Hunden ganz harmlos.

Vorsicht ⚠

Ein angeleinter Hund fühlt sich durch seine Verbindung zum Herrchen besonders stark. Ein Vierbeiner, der von sich aus dazu neigt, vor anderen Hunden den »großen Hund« zu spielen, wird durch die Leine in seinem Tun also noch bestärkt. Lassen Sie ihn daher besser von der Leine, wenn Sie einem größeren, nicht angeleinten Hund begegnen.

Dalmatiner lachen buchstäblich mit ihren Menschen.

Lachhaft oder typisch Dalmatiner?

Auch mit uns Menschen reden unsere Vierbeiner »mit Händen und Füßen«. Schon der junge Hund hebt bittend sein Pfötchen, wenn er einen Leckerbissen oder Streicheleinheiten haben oder uns beschwichtigen will, weil er etwas angestellt hat. Während diese Gesten allen Hunden eigen sind, gibt es arttypische Formen der Körpersprache. Pudel und Dalmatiner beispielsweise haben eine besonders menschliche Kommunikationsform entwickelt. Mit gekrauster Nase und zurückgezogenen Lefzen zeigen sie, daß sie sich freuen. Sie lächeln. Was bei Nicht-Hundehaltern vielfach nur ein Schmunzeln hervorruft, ist wissenschaftlich nicht von der Hand zu weisen. »Eine bestimmte Mimik des Hundes vermenschlicht als Lächeln zu bezeichnen, ist vollkommen gerechtfertigt,« bestätigt Dorit Feddersen-Petersen, Fachtierärztin für Verhaltenskunde und Ethologin am Institut für Haustierkunde der Universität Kiel. »Zieht ein Hund zur Begrüßung eines vertrauten Menschen die Oberlippe und die Mundwinkel hoch, ist das ein Lächeln im Sinne des Menschen.«

Wölfe dagegen sind nicht in der Lage zu lächeln. Im Rahmen ihrer Forschungen haben Dorit Feddersen-Petersen und ihre Mitarbeiter Großpudel mit Wölfen gekreuzt. Und deren Nachkommen lächeln ebenfalls. Die Wissenschaftler vermuten daher, daß sich dieses »Hundelächeln« erst im Laufe des Zusammenlebens mit dem Menschen entwickelt hat. Entweder hat sich der Hund der Ausdrucksweise des Menschen angepaßt, oder der Mensch hat unbewußt seine vierbeinigen Begleiter daraufhin selektiert und sich bevorzugt mit Hunden umgeben und weitergezüchtet, die ihm freundlich erschienen, weil sie ihn anlächelten. Sicher ist, daß das hundetypische Lächeln vererbt wird und daß es immer nur dem Menschen, nie dem Artgenossen gilt.

KAPITEL

8

Freizeitvergnügen und Beruf(ung)

Dalmatiner laufen begeistert am Fahrrad mit. Aber bitte nur nach vorhergehendem Training und auf der richtigen Seite.

Als Laufhund braucht der Dalmatiner unbedingt sein tägliches Fitneßtraining. Mit dem obligatorischen Spaziergang um den Block ist es also bei weitem nicht getan. Wer nichts vom Joggen hält, kann seinen Hund auch mit dem Fahrrad buchstäblich auf Trab bringen. Diese Gangart ist nämlich für Gebäude und Gang weitaus schonender als der Galopp. Allerdings muß der Hund dabei ausnahmsweise nicht bei Fuß, also links laufen, sondern rechts. So ist er besser von den Verkehrsgefahren abgeschirmt. Erste kürzere Trainingsfahrten können Sie bereits mit dem sechs Monate alten Junghund unternehmen. Lassen Sie Ihren Dalmatiner vorher vom Tierarzt untersuchen. Später können Sie die Etappen auf vier bis fünf Kilometer ausdehnen. Für den ausgewachsenen und durchtrainierten Hund sind Fahrradtouren von 15 bis 20 Kilometer »gerade mal richtig«. Aber auch ein ausgiebiger Ausflug mit dem Drahtesel kann ihm das Laufen ohne Leine auf freiem Feld oder im Park nicht ersetzen. Denn ein Hund, der niemals frei laufen darf, nimmt psychischen Schaden. Und als Rudeltier benötigt er auch den Kontakt und das Spiel mit Artgenossen.

So lernt Ihr Dalmatiner »radfahren«

Als erstes gewöhnen Sie Ihren Getupften auf einem ruhigen Gelände an das neue Gefährt. Sie schieben das Rad links und führen Ihren Dalmatiner rechts an der Leine. Geben Sie ihm das Kommando »Rad!«. Wenn er vor das Rad läuft, »fahren« Sie ihn ganz vorsichtig an. Er lernt durch diesen kleinen Schrecken, daß er auf seiner Seite bleiben muß. Da Sie Ihr Rad schieben, kann sich Ihr Vierbeiner nicht verletzen. Im nächsten Schritt nehmen Sie das Rad zwischen sich und Ihren Dalmatiner. Erst wenn Sie auch diese Übung mehrfach trainiert haben und Ihr Hund sicher an der leicht durchhängenden Leine neben dem Rad läuft, dürfen Sie aufsteigen und vorsichtig losfahren.

Bevor Sie zusammen losradeln, muß sich Ihr Dalmatiner etwas austoben und seine diversen »Geschäfte« verrichten können. Fahren Sie anfangs nur kurze Strecken, und steigern Sie das Laufpensum langsam, damit der Hund nicht überfordert wird.

Sportliche Hundebesitzer haben heute zahlreiche Möglichkeiten, sich gemeinsam mit ihrem Hund fit zu halten und ganz nebenbei jede Menge Spaß zu haben. Bevor Sie sich aber in sportliche Aktivitäten stürzen, lassen Sie Ihren Dalmatiner besser vorher vom Tierarzt nicht nur auf »Herz und Nieren« prüfen, sondern auch kontrollieren, ob Gelenke und Sehnen den jeweiligen Anforderungen schon oder noch gewachsen sind.

Wenn Sie Ihren Junghund behutsam an Pferde gewöhnen, haben Sie später einen idealen Reitbegleithund.

Der Dalmatiner als Reitbegleithund*

Für einen Einsatzbereich, der sich in den letzten Jahren zunehmender Beliebtheit erfreut, eignet sich der Dalmatiner in ganz hervorragendem Maße: als Begleiter des Reiters.

Der Dalmatiner erfüllt alle Kriterien eines guten Pferdebegleithundes:
- ideale Größe,
- wenig ausgeprägter und kontrollierbarer Jagdtrieb,
- Verträglichkeit und ausgeglichenes Temperament,
- ausdauernde Lauffreude u. a. m.

*von Dieter Schulte-Wöhrmann

Ein bunter Haufen…

Dalmatiner sind konditionsstarke Laufhunde. Sie werden überrascht sein, was man mit 10 Beinen so alles anstellen kann (S. 70).

Der Dalmatiner ist ein sehr freundlicher und lernbereiter Hund, der mit viel Feinfühligkeit erzogen und ausgebildet werden sollte: Ein allzu formales, hastiges oder gar ruppiges Unterordnungstraining kann schnell hartnäckigen Widerstand auslösen!

Gerade für den Einsatz am Pferd muß jeder Hund sehr sorgfältig und konsequent ausgebildet werden. Nur so können Sie Belästigungen oder gar Gefährdungen der Umwelt vermeiden. Vorweg geht die behutsame, gründliche Ausbildung »am Fuß«, am besten gleich vom Welpenalter an. Altersgerecht durchgeführt und immer mit spielerischen Elementen aufgelockert, kann der Dalmatiner durchaus schon mit 12 Monaten einen Ausbildungsstand erreichen, der in der Prüfungsordnung für Begleithunde (BH) definiert ist.

Dazu, jedoch etwas zeitversetzt, kann die Ausbildung am Pferd erfolgen:

Sobald der Dalmatiner einigermaßen zuverlässig »bei Fuß« läuft und das Hörzeichen »Sitz!« beherrscht, kann die Gewöhnung ans Pferd beginnen:

Zunächst führt der Hundehalter Pferd und Hund spazieren, am besten auf einem Feldweg mit zwei Spuren, die beiden Tieren die Richtungssta-

Ein eingespieltes Team

bilität erleichtern. Der Hund sollte dabei an lockerer Leine wenigstens einigermaßen korrekt links bei Fuß gehen, das Pferd an losem Führseil rechts geführt werden.

Schon nach kurzer Zeit kann der zweite Schritt erfolgen: Ein Helfer übernimmt das Pferd, während der Hundeführer seinen Hund rechts neben dem Pferd, in Höhe der Mittelhand, führt. Den Abstand zwischen den Tieren bestimmt der Hundeführer entsprechend dem Mut oder einer etwaigen Ängstlichkeit seines Hundes.

Beim Anhalten und Angehen, vor allem aber bei Wendungen muß eine ständige Kommunikation zwischen den beiden Tierführern stattfinden. Vor allem als Hundeführer sollten Sie stets sorgfältig auf die Bewegungen und das Verhalten beider Tiere achten!

Diese Ausbildungsschritte werden möglichst lange nur im Schritt durchgeführt. Erst wenn Pferd und Hund gelassen nebeneinander hergehen, können Sie vorsichtig einen langsamen Trab wagen.

Diese Gewöhnungsphase hat sich in der Praxis bei vielen Hunden bewährt; selbst sehr vorsichtige und sogar ängstliche Tiere lassen sich so – äußerste Geduld und Behutsamkeit vorausgesetzt! – für das Mitlaufen am Pferd motivieren.

Die nächsten Ausbildungsschritte werden hier nur skizziert; ausführlich sind sie in dem Kosmos-Ratgeber »Mit Pferd und Hund unterwegs« dargestellt.

Den Zwischenschritt zur eigentlichen Ausbildung am Pferd führen Sie am besten mit Hilfe eines dem Hund vertrauten Helfers durch: Dieser geht neben dem Hund, unterstützt die Einwirkungen des reitenden Hundeführers, indem er, wenn nötig, in die Leine greift, und beeinflußt den Abstand des Hundes zum Pferd.

Danach können Sie ohne Helfer vom Sattel aus weiterarbeiten: Leinenführigkeit, schnelles Hinsetzen, Abliegen, Wegreiten vom Hund, Herankommen, Wendungen, Freifolge. Behutsam, Schritt für Schritt, wird das am Fuß Gelernte ans Pferd übertragen. Treten Ungenauigkeiten beim Gehorsam des Hundes auf, arbeiten Sie wieder verstärkt »bei Fuß«. Freundlich, aber bestimmt, immer der Lernbereitschaft der Tiere angepaßt, führen Sie so die Ausbildung fort, bis Ihr Dalmatiner etwa die Anforderungen erfüllt, wie sie die »Pfer-

»Platz!« neben dem Pferd – mit der richtigen Ausbildung kein Problem

debegleithund-Prüfung« (VFD) beschreibt.

Wer mit einem so ausgebildeten Dalmatiner rücksichtsvoll ausreitet, wird kaum Unmut erzeugen, vielmehr oft bewundernde Blicke spüren oder anerkennende Bemerkungen von Spaziergängern hören – ganz abgesehen davon, daß einem zuverlässig gehorchenden Hund sehr viel mehr Freiheiten eingeräumt werden können und so das Verhältnis zwischen Mensch und Tier vertieft wird.

Während die oben skizzierte Grundausbildung am Fuß und am Pferd eine notwendige Voraussetzung für das Mitführen des Hundes darstellt, soll im folgenden ein Bereich dargestellt werden, der den Tieren wie dem Menschen im allgemeinen viel Freude bereitet: die »Arbeit« mit Pferd und Hund im Hindernisparcours. Die Krönung dieser Ausbildung kann – neben dem eigenen Vergnügen daran – ein vielbeachteter Auftritt auf einer Hunde- oder Pferdeveranstaltung sein, aber auch die Teilnahme an »Wettkämpfen«, wie sie einige Reitervereine bereits ausschreiben.

Bevor Sie mit dem Üben beginnen, beachten Sie bitte folgendes:

- Der Hund muß jede Anforderung zuerst einmal begreifen! Das kann er nur, wenn Sie mit der leichtesten Vorübung am Fuß beginnen und geduldig abwarten, bis er diese zuverlässig beherrscht. Erst dann werden die Anforderungen langsam auf das gewünschte Ziel hin gesteigert. Loben Sie dabei Ihren Dalmatiner auch für den kleinsten Teilerfolg! Jeden Zwang, jeden Ärger müssen Sie unbedingt vermeiden.
- Auch das Pferd muß an die Gegenstände gewöhnt werden, indem es diese zuerst (ohne Hund) in Ruhe anschauen und ggf. beschnuppern kann.
- Beim Training mit beiden Tieren ist zu berücksichtigen, daß das Pferd unter Umständen erschrickt, wenn der Hund springt, heranrennt oder sich auf einer höheren Position befindet. Darum kann es bei entsprechenden Übungen (z. B. bei Hürdensprüngen o. ä.) nützlich sein, anfangs mit einem Helfer zu arbeiten.

Übungen und Variationen im Hindernisparcours

Sprünge: Zunächst lernt der Hund, korrekt neben dem Pferd eine, dann mehrere kleine Hürden (etwa 30 bis

60 Zentimeter) zu überspringen. Danach soll er die Hürden auch allein und in gerader Linie bewältigen. Später werden diese Grundübungen variiert, nachdem sie sorgfältig trainiert wurden:

- Sie lassen den Hund in Koordination mit dem Tempo des Pferdes drei bis vier Sprünge von unterschiedlicher, eventuell ansteigender Höhe machen.
- Sie setzen den Hund vor der ersten Hürde ab, reiten hinter die letzte Hürde und rufen ihn dann zu sich heran. Der Hund sollte sofort und in gerader Linie zu Ihnen kommen. Diese Übung erfordert eine sehr gründliche Vorarbeit ohne Pferd!
- Sie bauen in der Mitte der Strecke anstelle einer Hürde einen Tunnel (oder ein »Tor« mit Vorhangstreifen oder kleine Rampen o. ä.) ein und rufen Ihren Hund über diese Hindernisse ab.

Die Brücke (= erhöhter Laufsteg): Die Arbeit an diesem Gerät macht den meisten Hunden sehr viel Spaß; sie lieben naturgemäß solche erhöhten Positionen. Der erhöhte Laufsteg besteht aus etwa vier Meter langen und 40 bis 50 Zentimeter breiten stabilen Planken. Die auf- und absteigenden Rampen sind etwa 30 Zentimeter breit und (bei einer Gerätehöhe von 70 Zentimetern) zwei Meter lang.

Der Hund sollte gelassen neben dem Pferd über diese Brücke laufen und sich auf ein Hörzeichen hin sofort setzen, hinlegen oder stehenbleiben.

Und nun die Spielereien:

- Führen Sie Ihren Dalmatiner wie gewohnt auf die »Brücke«, lassen Sie ihn sitzen, und reiten Sie einmal um das Gerät herum.
- Legen Sie auf den Steg Hindernisse, etwa zwei Autoreifen hintereinander,

Nur fliegen ist schöner!

und führen Sie den Hund korrekt am Pferd hinüber.

• Machen Sie allmählich den Steg schmaler (bis etwa 15 Zentimeter).

• Setzen Sie den Hund vor der Rampe ab, reiten Sie auf die andere Seite, und rufen Sie ihn zu sich.

• Unterbrechen Sie das Herankommen durch ein »Sitz!« oder »Platz!«.

• Erschweren Sie das Herankommen durch einen kleinen Reifenberg, über den der Hund mutig und zielstrebig hinwegklettern muß.

Weitere attraktive Übungen:

• die Wippe (mal für das Pferd, mal für den Hund),

• das Überreiten einer Plastikplane,

• das Durchreiten einer Wasserstelle,

• das Abrufen des Hundes durch eine Wasserstelle,

• der Slalom (eventuell für das Pferd erschwert durch Flatterbänder oder Luftballons).

Hundespaß Agility – probieren Sie es mit Ihrem Dalmi einfach einmal.

Ihrer Phantasie in der Abwandlung der Grundübungen sind kaum Grenzen gesetzt; jede Veränderung bringt Abwechslung in das Geschehen und hält die Motivation wach. Probieren Sie es mit Ihrem Dalmatiner einfach aus.

Agility

Ein Riesenspaß für Mensch und Hund ist Agility, eine Art Fitneßsport mit Hund. Inspiriert von Reitturnieren, hatten die Veranstalter der berühmten »Cruft's Dog Show« die Idee, auch einmal Hunde so ein »Springturnier« erproben zu lassen. Aus dem Gag wurde schon bald eine neue Sportdisziplin. Neben einer guten Erziehung ist bei Agility, wie der Name schon sagt, vor allem Behendigkeit gefordert. Innerhalb einer Regelzeit muß das zwei- und vierbeinige Team gemeinsam einen Parcours mit 12 bis 20 Hindernissen bewältigen. Der Hund wird körperlich gefordert, seine Konzentrationsfähigkeit geschult und der Kontakt zwischen Mensch und Tier gefestigt. Damit Ihr Hund auch die hohen Sprünge ohne Schaden an Muskeln und Sehnen angehen kann, sollte er mindestens 15 Monate alt sein, wenn Sie mit dem Training beginnen. Ein paar Gramm zuviel auf den Rippen können mit Agility schnell abtrainiert werden. Bringt Ihr Hund allerdings Übergewicht auf die Waage, muß er erst einmal auf Diät, sonst werden Herz, Kreislauf und auch die Gelenke zu sehr belastet. Nur die Harmonie zwischen Mensch und Hund führt hier auch zum sportlichen Erfolg. Ehrgei-

zige Sportler können es sogar bis zur Europameisterschaft bringen. Besonders spannend wird es beim *Double-Duck*, wo wie beim Parallelslalom zwei Hunde gleichzeitig in nebeneinander aufgebauten Parcours antreten. Und seit kurzem gibt es sogar eine Hunde-Bundesliga, bei der Vereine in zwei Staffeln, Nord und Süd, um den Meistertitel kämpfen.

In der Schweiz gibt es seit 1990 außerdem eine Variante. Bei dieser Sportart –Mobility genannt – können auch ältere oder schwergewichtigere Vierbeiner mitmachen, denn hier geht es gemütlicher zu. Neben Schrägwand, Slalom, Hochsprung oder Steg müssen auch Mutproben »wie im täglichen Leben« bestanden werden, z. B. werden knarrende Wellbleche überquert oder die Hunde laufen unter flatternden bunten Bändern hindurch.

Im Sprung wird bereits das nächste Hindernis anvisiert.

Dalmatiner sind geschickte Agility-Sportler – hier an der A-Wand.

Lassen Sie Ihren Dalmi vom Tierarzt untersuchen, bevor Sie sich gemeinsam in den Parcours stürzen.

Vierkampf

Früher unter dem Begriff Breitensport bekannt und allseits beliebt, da jeder Hundehalter mitmachen kann, wurde dieser Sport vor einiger Zeit offiziell umbenannt. Die Teilnehmer messen sich in vier verschiedenen Disziplinen: Gehorsamsübungen, Slalom-, Hürden- und Parcourslauf. Ein Richter bewertet die korrekte Ausführung der Aufgaben und die Geschwindigkeit des Teams. Auch ein langsames Team kann einen guten Platz belegen, wenn es ohne Fehler arbeitet. Spannend wird es bei dieser Disziplin schon allein deshalb, weil für jedes ausgelassene Hindernis zu der Laufzeit Strafsekunden hinzugerechnet werden und bei einzelnen Hindernissen auch noch andere Fehler die Gesamtlaufzeit beeinflussen. An dieser Hürde ist deshalb auch schon so manches Favoritenpaar gescheitert.

Tip

Da der Rand einer Frisbeescheibe mit der Zeit scharf werden kann, kontrollieren Sie diese zwischendurch und glätten Sie sie mit feinem Sandpapier, damit sich Ihr Dalmatiner nicht verletzen kann. Sollte er sich im Eifer des Gefechts einmal auf die Zunge beißen, kühlen Sie die Wunde mit einem feuchten kalten Tuch.

Geländelauf

Wem Hürden zu hoch sind, der kann zusammen mit seinem angeleinten Teamkollegen auch ganz einfach zu einem Geländelauf über zwei oder fünf Kilometer antreten. Die einzelnen Teilnehmer in dieser Disziplin werden nach Geschlecht und verschiedenen Altersgruppen eingeteilt. Die erreichten Punkte werden in einem Sportpaß eingetragen. So kann man beim nächsten Wettkampf sogar gegen sich selbst antreten.

Frisbee

Die Cracks unter ihnen beeindrucken das Publikum durch atemberaubende Sprünge und unglaubliche Tricks. Was in den USA schon seit den 70er Jahren bei Meisterschaften Aufsehen erregt, wird auch unter deutschen Hundefreunden immer mehr zur Zuschauerattraktion. Bevor Sie sich mit Ihrem Dalmatiner auf die Jagd nach der Scheibe machen, sollten Sie unbedingt mit dem Tierarzt reden, ob Gelenke und Sehnen für die Hochsprünge kräftig genug sind. Für junge Hunde eignet sich am besten eine Minischeibe. Natürlich sollten Sie nicht an der Straße oder in der größten Mittagshitze spielen und den Hund nicht mit Superwürfen überfordern.

Flyball

Ebenfalls aus England kommt Flyball, das 1990 vom Kennel Club als Sportart aufgenommen wurde. Hier treten zwei Teams mit jeweils vier Hunden parallel gegeneinander an. Die Vierbeiner müssen dabei vier Hürden überwinden, eine Ballmaschine mit einem Pfotentritt betätigen, den in die Luft geschleuderten Ball fangen und mit ihm über die vier Hindernisse zurück ins Ziel laufen. Das schnellste Team gewinnt. Es wird eine Weile dauern, bis Ihr Hund den Zusammenhang zwischen Pedal und Ball begriffen hat. Irgendwann aber wird sein Spieltrieb siegen und das Spiel mit der Ballmaschine zu einem seiner Lieblingsspiele werden.

Dalmatiner sind auch begeisterte Wintersportler.

Skijöring

Eine gute Methode, sich selbst und den Vierbeiner auch im Winter fit zu halten und dabei jede Menge Spaß zu haben, ist das Skijöring. Bei dieser aus Norwegen stammenden Sportart zieht der Hund seinen Herrn auf Skiern hinter sich her. Natürlich dürfen Sie auch hier Ihren Hund nicht überfordern. Ein 10-Minuten-Training genügt für den Anfang. Wenn Sie es nicht ganz so sportlich angehen wollen, können Sie natürlich auch ganz einfach Ihren Hund beim Loipentraining an einer langen Leine neben sich herlaufen lassen. In vielen Gegenden gibt es bereits spezielle Hundeloipen. Da der Dalmatiner durch sein dünnes Fell nicht so warm angezogen ist wie manche andere Hunderasse, muß er nach dem Training gut abgerubbelt und sofort ins Warme gebracht werden.

Auch im Winter sollten Sie unterwegs immer eine Flasche Wasser und einen Hundenapf dabei haben, damit Ihr Vierbeiner nicht aus Durst Schnee frißt. Das schadet nämlich dem Magen und kann zu einer Magenschleimhautentzündung führen. Eiskrusten, Harsch, Streusalz oder Split können außerdem schmerzhafte Risse und Schnitte an den Ballen verursachen. Deshalb ist nach jedem Ausflug sorgfältige Pfotenkontrolle angesagt. Wunde Pfoten müssen mit Salben behandelt werden. Bis alles abgeheilt ist, kann man auch einem Dalmatiner Schlittenhundeschuhe, sog. Booties, überziehen.

Jagdbegleiter

Trotz seiner Vergangenheit wird der Dalmatiner heute nur noch sehr selten als Jagdbegleiter eingesetzt. Wahrscheinlich deshalb, weil seine schwarz- oder braun-weiße Weste für deutsche Waidmänner ein höchst ungewöhnliches Farbenspiel darstellt. Doch seine Lauffreude, seine gute Spürnase und die Begeisterung, seinem Besitzer »zu Diensten« zu sein, prädestinieren ihn eigentlich auch für diese Aufgabe. In einigen Bundesländern können Dalmatiner daher auch eine Jagdeignungsprüfung ablegen.

Apportieren? No problem!

Vierbeiniger Helfer

Sein feiner Gesichtssinn, seine Menschenfreundlichkeit und seine Fähigkeit, mit dem Menschen zusammenzuarbeiten, machen aus dem Dalmatiner auch einen exzellenten Flächensuch- und Katastrophenhund. Der Werdegang eines solchen vierbeinigen Helfers ist lang. Der Hund muß während seiner Suche selbständig arbeiten, dennoch aber jedem zugerufenen Befehl des Hundeführers sofort gehorchen. Nur ein Hund, der Freude an seiner Aufgabe hat und spielerisch und geduldig ausgebildet wurde, kann diesen »Beruf« später mutig und dennoch diszipliniert ausüben. Neben der Ausbildung zum

Das schwarz-weiße Multitalent eignet sich auch zur Ausbildung als Rettungshund.

Flächensuchhund im Ernstfall gibt es als Schweizer Spezialität auch noch die Sanitätshundeprüfungen I, II und III, wo Dalmatiner ihre Fähigkeiten als Suchhund im Wettkampf testen können.

Reisespaß mit Hund

»Dabeisein ist alles«, würde Ihnen Ihr Dalmatiner wohl zuflüstern, wenn er bei der Urlaubsplanung mitreden könnte. Denn kaum ein anderer Hund ist als Begleiter für die schönste Zeit des Jahres so geeignet wie er. Vor allem dann, wenn Sie einen Urlaub in freier Natur geplant haben. Egal, ob Sie ans Meer oder in die Berge fahren, dieser vierbeinige Sportler ist für fast jedes Freizeitvergnügen zu haben. Natürlich muß ein Urlaub mit Hund besonders sorgfältig geplant werden. Holen Sie sich auch frühzeitig die Zusage (am besten schriftlich) vom Hotel, vom Campingplatz oder der Pension, daß Ihr Hund dort ebenfalls willkommen ist. Wollen Sie ins Ausland fahren, müssen Sie vor Urlaubsbeginn die Einreisebestimmungen überprüfen. Für die meisten Länder sind zumindest eine Tollwut-Schutzimpfung sowie ein amtstierärztliches Zeugnis vorgeschrieben. Auskünfte geben Fremdenverkehrsämter, Konsulate oder Botschaften. Und denken Sie daran: Auch ein Hund hat am liebsten das eigene Gepäck dabei. Vergessen Sie also weder Futternapf, Hundebürste, Hundekorb noch die geliebte Kuscheldecke und das Lieblingsspielzeug. Auch (eine Notration) Hundefutter, die Leine und eine klei-

ne Reiseapotheke mit Mitteln gegen Durchfall und Verstopfung, Wundsalbe, Thermometer, Binden und Kreislaufmittel sollten nicht fehlen.

Autoreisen

Das ideale Transportmittel, um mit Hund zu reisen, ist sicherlich das Auto, der Campingwagen oder das Wohnmobil. Testen Sie aber unbedingt rechtzeitig vor Urlaubsantritt die Reisetauglichkeit Ihres Tieres durch Kurzstreckenfahrten. Spezielle Reiseboxen oder Hundegurte gewährleisten, daß der Hund auch bei Bremsmanövern nicht nach vorne fliegen und sich selbst oder Mitfahrer verletzen kann. In einer kürzlich im Crashtest-Labor des TÜV durchgeführten Untersuchung wurden in Zusammenarbeit mit ADAC-Ingenieuren die verschiedenen Sicherheitssysteme getestet. Den besten Personen- und Tierschutz bieten

Dalmatiner sind für jedes Freizeitvergnügen zu haben...

...und verreisen auch gerne mit ihrem »Rudel«...

Kleine Kletterübung gefällig?

Tieres oder einzelner Gliedmaßen nicht verhindern. Ein stabiles Gitter vermindert zwar die Verletzungsgefahr für die Insassen, für den Hund jedoch besteht noch ein gewisses Verletzungsrisiko. Ein Transport im geschlossenen Kofferraum ist übrigens Tierquälerei. Dies gilt auch für Autos, die eine vorfabrizierte Gitterleiste zwischen Kofferraum und Kofferraumdeckel haben. Hier besteht nämlich die Gefahr, daß verwirbelte Auspuffgase durch das Gitter oder andere Öffnungen in den Innenraum gelangen und den Hund schädigen oder sogar töten können.

Transportboxen. Diese »fahrenden Schlafhöhlen« werden am besten quer zur Fahrtrichtung hinter der Rücksitzlehne plaziert und fest im Auto verzurrt. Zusätzlich sollte ein Schaumstoffkeil zwischen Lehne und Box angebracht werden. Einfache Netze, die den Fahrgastraum vom Kofferraum trennen, sind weder ein Schutz für das Tier noch für die Mitfahrer, da sie das Durchschlagen des

Füttern Sie Ihren Hund das letztemal am Abend vor Reisebeginn. Machen Sie unbedingt unterwegs alle zwei Stunden eine Pause, bei der der Hund zu trinken bekommt und sich auch »die Beine vertreten« kann, natürlich nur an der Leine. Achten Sie auch auf eine ruhige Fahrweise, da abruptes Anfahren, Bremsen und eine extreme Kurventechnik Übelkeit bei

Urlaub macht Spaß, ganz gleich zu welcher Jahreszeit.

Ihrem Hund auslösen kann. Frischluft ist zwar wichtig, bei Zugluft können sich Hundeaugen aber auch sehr leicht entzünden.

Vorsicht! ⚠

Auf keinen Fall dürfen Sie den Hund bei sommerlichen Temperaturen allein im Auto zurücklassen. Auch im Schatten kann sich der Wagen so aufladen, daß der Hund bereits nach kurzer Zeit einen Hitzschlag bekommen kann.

Bahnreisen

Bevorzugen Sie die Fahrt mit dem Zug, erkundigen Sie sich nach längeren Aufenthalten und trainieren Sie mit ihrem Vierbeiner entsprechende »Pinkelpausen«. An der Leine dürfen Hunde mit ins Abteil, sofern die Mitreisenden einverstanden sind. Im Schlaf- oder Liegewagen aber müssen Sie das ganze Abteil mieten, ins Zugrestaurant dürfen nur Blindenhunde mit. Hunde kosten in der Regel den halben Fahrpreis (Kinderermäßigung).

Fernreisen mit dem Flugzeug

Im Flugzeug werden Hunde als Übergepäck gehandelt, normalerweise zahlt man 1 Prozent des Flugpreises 1. Klasse pro Kilogramm Körpergewicht. Allerdings dürfen nur kleine Hunde (je nach Fluggesellschaft bis 5 oder 10 Kilogramm) in lecksicheren Behältern mit in die Kabine genommen werden. Ausgewachsene Dalmatiner müssen in speziellen Hundeboxen in den klimatisierten Frachtraum. Obwohl die Tiere beim Verladen persönlich betreut werden, sollten Sie Ihrem Hund – zumindest bei Kurzurlauben – den Streß lieber ersparen. Wichtig ist auch, das Tier bei der Buchung anzumelden, da nur eine begrenzte Anzahl Hunde bzw. Katzen pro Flug als Mitreisende erlaubt sind.

Urlaub am Meer

Zieht es Sie ans Meer oder an einen See, erkundigen Sie sich auch hier vorher, ob »hund« am Strand erlaubt ist. Zum Glück richten immer mehr Urlaubsorte spezielle Hundestrände ein. Achten Sie darauf, daß Ihr Vierbeiner genügend Schatten findet, z. B. unter einem Baum oder auch einem Sonnen- oder Regenschirm. Vergessen Sie auf keinen Fall, an den Strand immer ausreichend Süßwasser und einen Trinknapf mitzunehmen, und achten Sie darauf, daß der Hund kein Salzwasser trinkt. Sie sollten Ihren Hund bei kühlerem Wetter unbedingt nach dem Bad gut abfrottieren, damit er sich nicht erkältet.

Nicht nur die Menschen, auch die Hunde in südlichen Ländern sind es gewöhnt, zwischen 12 und 16 Uhr ihre Siesta zu halten. Eine sinnvolle Angewohnheit. Gönnen Sie sich und Ihrem Hund also ebenfalls die Mittagsruhe, und verlegen Sie Spaziergänge auf die frühen Morgen- und späteren Abendstunden. Sollte Ihr Vierbeiner zuviel Sonne abbekommen haben, merken Sie das sehr schnell. Wird der Hund sehr müde oder beginnt er zu taumeln, müssen Sie ihn sofort in den Schatten bringen. Fächeln Sie ihm frische Luft zu,

Tip

Waschen Sie nach einem Bad im Meer unbedingt zumindest Augen, Schenkelspalt und Achseln mit Süßwasser ab, da es sonst zu Entzündungen kommen kann. Noch besser ist es, wenn Sie Ihren Dalmatiner sorgfältig lauwarm abduschen können.

Der Wasserbedarf

Nicht nur heiße Tage, auch Krankheiten mit Fieber, Durchfall oder körperliche Anstrengung erhöhen den Wasserbedarf. Hunde haben ein sicheres Gespür dafür, wieviel Wasser sie brauchen. Ein 20 Kilogramm schwerer Hund z. B. muß etwa 1,5 Liter Flüssigkeit am Tag zu sich nehmen. Kleine und junge Hunde benötigen besonders viel Wasser, da sie über die verhältnismäßig große Körperoberfläche besonders viel »verdampfen«. Als Richtwert für gesunde Hunde gilt etwa 60 bis 75 ml pro kg Körpergewicht.

und geben Sie ihm zu trinken. Dauert der Zustand länger als 15 Minuten an, kollabiert der Hund oder leidet er unter Krämpfen und Atemnot, müssen Sie ihn sofort zum Tierarzt bringen. Unterwegs sollten Sie ihm kalte Kompressen auflegen und ihn vorsichtig mit Wasser berieseln. Tun Sie aber nicht zuviel des Guten. Kaltes Wasser in größeren Mengen kann für den Hund sogar gefährlich werden.

Für ein kleines Bad ist fast jeder Dalmatiner zu haben.

Da es in den Mittelmeerländern, in den Tropen und Subtropen auch Infektionserkrankungen gibt, mit denen sich Hunde infizieren können, sollten Sie bei Krankheitssymptomen, die sich oft erst Wochen nach einem Urlaub zeigen, sofort zum Tierarzt gehen.

Glücklicherweise ist das Ansteckungsrisiko gering, wenn Sie auf Hygiene achten. Am besten nehmen Sie in die entsprechenden Länder Futter und Insektenschutz mit und kochen das Wasser ab. Mitunter zeigen Hunde keine typischen Symptome. Sie sind abgeschlagen, haben Fieber oder Magen-Darm-Probleme.

Die Infektion mit **Leishmaniose** (Mittelmeerländer, Frankreich, Mittel- und Nordafrika, Madagaskar, Brasilien) erfolgt über einen Mückenstich. Sie führt zu Blutarmut und Hautveränderungen. **Babesiose**, die mit Fieber und Mattigkeit einhergeht (Mittelmeerländer, Nordafrika, Asien, USA), und **Rickettsiose** (Afrika, Südosteuropa), die sich durch hohes Fieber und Magen-Darm-Erkrankungen anzeigt, werden durch Zecken verbreitet. Die Infektion mit **Giardiose**, die teilweise auch in deutschsprachigen Ländern vorkommt, erfolgt von Tier zu Tier und führt zu hohem Fieber und Magen-Darm-Erkrankungen.

Um Hunden den Reisestreß zu erleichtern, kann man sie mit Bach-Blütentropfen behandeln. Diese Therapieform geht auf den englischen Arzt Dr. Edward Bach (1886 bis 1936) zurück, einen Homöopathen und Bakteriologen. Er fand heraus, daß wäßrige Auszüge aus 38 wildwachsenden Pflanzen den Seelenzustand seiner Patienten erheblich verbesserten.

Bach-Blütenessenzen sind Konzentrate, die Sie in kleinen Vorratsfläschchen in Apotheken kaufen können. Zur Vorbeugung gegen Reisekrankheit eignen sich besonders die Erste-Hilfe-Tropfen (Rescue Remedy).

Hundesitter

Wenn Ihr Dalmatiner zu den wenigen nicht reiselustigen Vertretern seiner Rasse gehört oder Sie ihn einmal wirklich nicht mitnehmen können, kümmern Sie sich früh genug um einen lieben Menschen, der ihn in dieser Zeit betreut. Am besten ist es natürlich, wenn der Hund bereits mit dieser Person vertraut ist und sie mag.

Hinterlassen Sie dem Urlaubssitter neben ausreichend Futter auch alles Wissenswerte wie Speiseplan, Fütterungszeiten und -mengen, eventuell notwendige Medikamente mit Dosierungsanleitung, Vorlieben und Abneigungen des Tieres, vielleicht auch noch die Spiel- und Schmusezeiten auf einer Checkliste. Natürlich dürfen auch die Adresse und Telefonnummer des Tierarztes sowie die eigene Urlaubsanschrift für Notfälle nicht fehlen.

Sollte sich im Verwandten- oder Bekanntenkreis kein geeigneter Ersatz finden, kann man bei der »Vereinigung deutscher Haushüter-Agenturen« einen Hundesitter ins Haus kommen lassen. Meist sind dies Rentner, die neben dem Hund auch gleich die Wohnung und die Pflanzen mitversorgen. Allerdings ist dieser Service mit ca. DM 80.– bis DM 100.– pro Tag nicht ganz billig.

Kein Traumurlaub, sondern bestenfalls eine Notlösung können für den Dalmatiner Ferien im Zwinger eines Tierheims sein. Und auch in Hundepensionen müssen die Hunde oft zumindest stundenweise hinter Gittern ausharren. Da es große Unterschiede in der Qualität der einzelnen Pensionen gibt, sollten Sie sich vorher auf jeden Fall gründlich umsehen.

Schauen Sie sich an, wie die Betreuer mit den Tieren umgehen, und achten Sie auch auf Sauberkeit, Auslaufmöglichkeiten und individuelle Fütterung. Hier müssen Sie sich ebenfalls rechtzeitig um einen Platz bemühen, da es gerade zu Hauptreisezeiten zu einem Engpaß kommen kann. Bei der Suche nach Tiersittern helfen auch der Deutsche Tierschutzbund unter dem Motto »Nimmst Du mein Tier, nehm' ich Dein Tier«, die »Mobile Tierrettung« und der Bundesverband Tierschutz e.V. Gegen einen Rückumschlag mit DM 3,– können Sie auch bei der Redaktion der Zeitschrift »Partner Hund« eine Liste von Hundesittern auf Gegenseitigkeit anfordern.

Tip

Der Deutsche Tierschutzbund hat zwischen dem 1.6. und 30.9. unter Tel. 0228/6049627 eine Urlaubs-Hotline eingerichtet, in der Sie wichtige Tips rund um den Urlaub mit und ohne Tier bekommen.

Checkliste für den Urlaubssitter

Rufname: ______________________

Alter: ______________________

Rasse: ______________________

Geschlecht (bitte ankreuzen):
männlich ________ weiblich ________ kastriert ________

Tätowierungsnummer/
Chipnummer: ______________________

Futter (Sorte/Menge): ______________________

____

Fütterungszeit: ______________________

Medikamente: ______________________

Nächste Läufigkeit: ______________________

Pflegemaßnahmen: ______________________

Reinigen des Futternapfes: ______________________

Gassigehen etc.: ______________________

Bürsten: ______________________

Sonstiges: ______________________

Besonderheiten/Angewohnheiten: ______________________

____

Tierarzt:

Name: ______________________

Adresse: ______________________

Telefon: ______________________________

Sprechzeiten: ______________________________

Urlaubsadresse:

Hotel: ______________________________

Anschrift: ______________________________

Telefon: ______________________________

Checkliste für die Reise

Reiseplanung:

- ▶ Prüfen, ob der Hund reisefest ist
- ▶ Zusage für Tierhaltung vom Hotel/Pension einholen (schriftlich)
- ▶ Grenzbestimmungen klären
- ▶ Reisebestimmungen (Flugzeug, Schiff, Bahn) klären
- ▶ Tierarztcheck, Impfungen und Gesundheitszeugnisse
- ▶ Transportbox, Gitter etc. besorgen oder kontrollieren
- ▶ Tickets/Platzkarten besorgen

Reisegepäck:

- ▶ Impfpaß
- ▶ Halsband/Leine
- ▶ Bürste, Zahnbürste etc.
- ▶ Schlafkorb
- ▶ Futter- und Wassernapf
- ▶ Futter
- ▶ Decke
- ▶ Dosenöffner
- ▶ Löffel/Gabel
- ▶ Reinigungsmittel/-geräte
- ▶ Ungezieferhalsband
- ▶ eventuell: täglich notwendige Medikamente
- ▶ Reiseapotheke (Durchfall/Verstopfung; Wundpuder, -salbe; Desinfektionsmittel; Mittel gegen Reisekrankheit etc.)

Reisetag:

- ▶ nicht füttern
- ▶ Wasser geben
- ▶ Halsband (mit Heimat- und Urlaubsanschrift) anlegen

KAPITEL

9

Vorbeugen ist besser als Heilen

Dalmatiner bleiben zeitlebens verspielt.

Kinder- und andere Krankheiten

Nach der Geburt haben die Welpen noch mütterliche Abwehrstoffe im Blut (Antikörper), die sie gegen alle Infektionen, mit deren Erreger die Hündin in Berührung gekommen bzw. gegen die sie geimpft ist, schützen. Der Zeitpunkt, an dem der mütterliche Schutz aufhört, ist individuell verschieden. Wie das optimale Impfprogramm aussehen soll, muß der Tierarzt des Züchters entscheiden, je nachdem welche Krankheitserreger vor Ort eine Rolle spielen. Da die Impfungen in der Regel nicht vollständig beim Züchter gegeben werden können, müssen Sie sich von ihm darüber informieren lassen, welche Impfungen demnächst anstehen.

Welpensterben: In den ersten Lebenstagen können die Welpen für das Hunde-Herpes-Virus empfänglich sein. Eine Infektion führt zum schnellen Tod, dem sogenannten Welpensterben. Die erkrankten Welpen scheiden das Virus beim Niesen und über den Kot aus. So können sich abhängig von der individuellen Abwehrkraft auch andere Tiere infizieren.

Hepatitis contagiosa canis (Ansteckkende Leberentzündung): Die Tiere infizieren sich in erster Linie über den Harn, aber auch über Kot, Nasensekret und durch den direkten Kontakt. Selbst Monate nach der Genesung können sie noch Viren ausscheiden. Normalerweise bekommen die Hunde eine fieberhafte Mandelentzündung und haben daher Schluckbeschwerden. Da oft noch eine Augen- und Nasenentzündung hinzukommt, wird es anfangs leicht mit Staupe verwechselt. Das Virus vermehrt sich im lymphatischen Gewebe und in den Organen, so daß es in Leber und Niere, aber auch im Gehirn und in den Blutgefäßen zu Schädigungen kommt. Mitunter werden die Hunde schlagartig schwer krank, haben hohes Fieber, blutigen Brechdurchfall und sterben innerhalb weniger Stunden oder Tage.

Leptospirose: Die Erreger dieser Krankheit sind im Wasser lebende spiralig gewundene Bakterien, die über den Harn von Ratten und Mäusen übertragen werden. Sie lösen eine fieberhafte Allgemeinerkrankung aus. Hunde können in jedem Alter daran erkranken, Rüden doppelt so häufig wie Hündinnen. 5 bis 20 Tage nach der Ansteckung werden die Hunde auffallend müde, neigen zu Hinterhandschwäche, d. h. einer allmählichen Lähmung der Hinterbeine, Nierenentzündung, Mundhöhlenentzündung, blutigem Durchfall und Erbrechen. Noch lange Zeit nach der Erkrankung scheiden die Hunde den Erreger mit dem Urin aus.

Parvovirose: Einige Tage nach der Ansteckung haben die Welpen hohes Fieber und erbrechen. Nach 6 bis 12 Stunden bekommen sie Durchfall. Überleben sie die ersten 4 bis 5 Tage den starken Flüssigkeitsverlust, den der Tierarzt auf jeden Fall ausgleichen muß, haben sie gute Chancen. Ältere Tiere erkranken nur leicht oder gar nicht, verbreiten aber das Virus. Meist infizieren sich die Hunde direkt durch Belecken. Aber auch an Schuhen oder Kleidung kann das Virus außer Haus getragen werden.

Impftabelle

Welpen-Grundimmunisierung

7. Lebenswoche:	Parvovirose* mit Lebendimpfstoff
8. Lebenswoche:	SHL (Staupe, Hepatitis, Leptospirose), Zwingerhusten
12. Lebenswoche:	SHL, Zwingerhusten
14. Lebenswoche:	Parvovirose mit Lebendimpfstoff, Tollwutimpfung

1. Auffrischungsimpfung mit 1 Jahr: Staupe, Hepatitis, Leptospirose, Parvovirose, Tollwut

danach: **LTP** jährlich; **SH** alle 2 Jahre

* seit einiger Zeit gibt es einen verbesserten Impfstoff, mit dem man bereits 5 Wochen alte Welpen impfen kann

Äußere und innere Parasiten:
1 *Hundefloh*
2 *Zeckenmännchen*
3 *Zeckenweibchen*
4 *Haarbalgmilbe*
5 *Herbstgrasmilbe*
6 *Grabmilbe*
7 *Spulwurm*
8 *Bandwurm*

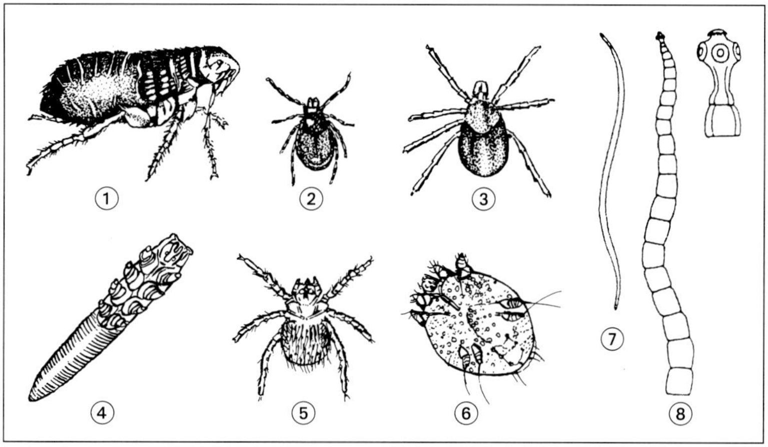

Staupe: Sie verläuft ebenfalls als fieberhafte Allgemeinerkrankung. Stunden- oder tagelang haben die Hunde sehr hohes Fieber, meist leiden sie an einem grippeähnlichen Katarrh von Augen-, Nasen- und Rachenschleimhaut. Nach einigen fieberfreien Tagen werden Lunge, Nieren und Ohren angegriffen. Kommt es zur nervösen Staupe, hat eine Therapie nur noch selten Erfolg. Die Hunde stecken sich meist über direkten Kontakt oder über Tröpfchen mit dem Virus an. Da es wie bei den meisten Virusinfektionen kaum Behandlungsmöglichkeiten gibt, ist die Impfung besonders wichtig.

Tollwut: Wird ein Tier gebissen, kommt virushaltiger Speichel in die Wunde und gelangt von dort über die Nervenbahnen und das Rückenmark in das Zentralnervensystem. Etwa jeder 5. infizierte Hund erkrankt. Die Symptome treten zwischen 10 Tagen und 3 Monaten nach dem Biß auf. Die Krankheit zeigt sich zunächst nur durch gestörtes Allgemeinbefinden. Danach folgt das sogenannte Exzitationsstadium mit Unruhe, Speicheln, Aggressionsanfällen und Krämpfen. Während der Mensch direkt nach dem Biß geimpft und gerettet werden kann, besteht beim Hund diese Möglichkeit nicht. Die Tiere sterben innerhalb weniger Tage.

Der Impfkalender gibt nur einen allgemeinen Überblick. Der behandelnde Tierarzt kann von Fall zu Fall ein individuelles Impfprogramm zusammenstellen.

Würmer

Welpen haben fast immer Haken-, Spul- und Peitschenwürmer. Erwachsene Hunde werden vor allem von Bandwürmern heimgesucht. Auch wenn ein Hund trotz Wurmbefall noch keine Krankheitsanzeichen zeigt, scheidet er bereits Eier aus, mit denen er andere Tiere oder auch Menschen anstecken kann. Die schädigende Wirkung für den Hund hängt von ihrem Sitz und der Art der Entwicklung ab. Bei starkem Wurmbefall magert der Hund ab, bekommt stumpfes, glanzloses Fell, verliert seinen Appetit und wird apathisch.

Außerdem wird der Kot wäßrig, schleimig oder sogar blutig.

Dipylidium caninum: Der häufigste Bandwurm beim Hund entwickelt sich über ein Zwischenstadium, v. a. den Hundefloh und den Hundehaarling. Flohlarven ernähren sich u. a. von Hundekot und nehmen dabei die vom Hund ausgeschiedenen Eier auf. Die Hunde stecken sich dann wieder an, wenn sie Flöhe knacken. Teile des Wurmes können in Richtung After wandern und dort Juckreiz auslösen, so daß der Hund »Schlitten fährt«, d. h. mit dem Hinterteil über den Boden rutscht. Mitunter findet man diese Teile, die wie Reiskörner aussehen, auch im Hundefell. Parallel zur Behandlung mit Entwurmungspräparaten müssen unbedingt die Flöhe oder Haarlinge bekämpft werden.

Taeniidae: Über finnenhaltiges rohes Fleisch kann ein Hund ein Vorstadium dieser Bandwürmer aufnehmen. In seinem Darm entwickelt sich die Finne zum Wurm weiter. Mit dem Kot werden wiederum die Eier des Wurmes ausgeschieden. Für den Endwirt ist der Schaden normalerweise gering, im Zwischenwirt können die heranwachsenden Finnen jedoch erheblichen Schaden anrichten. Indem der Endwirt die Eier ausscheidet und sich damit selbst infiziert, kann er sich selbst zum Zwischenwirt machen. Auch der Mensch kann für einige Bandwurmarten zum Wirt werden.

Trichuris vulpis: Die Eier des Peitschenwurmes werden von einem infizierten Tier mit dem Kot ausgeschieden. Nimmt ein Hund diese Eier dann aus der Umwelt auf, wird die sich daraus entwickelnde Larve im Darm frei und bohrt sich tief in die Schleimhaut von Dickdarm und Blinddarm. Bei starkem Befall zeigt der Hund Durchfall mit schleimig blutigem Kot. Er frißt nicht, magert ab und bekommt Fieber. Da Peitschenwürmer Blut saugen, kommt es außerdem zu einer Anämie (Blutarmut).

Toxocara canis und **Toxascaris leonida:** Unter den Spulwürmern sind sie für den Hund am bedeutendsten. Mit *Toxocara canis* werden die Welpen schon in der Gebärmutter infiziert. Bereits 22 Tage nach der Geburt scheiden sie ansteckende Eier aus, die wiederum eine Ansteckungsgefahr für die Mutter bedeuten. Deshalb sollte auch hier die Mutter entwurmt werden. *Toxascaris leonida* kommt bei Tieren aller Altersstufen vor. Diese Würmer bleiben im Darm.

Tip

Da der Tierarzt nur völlig gesunde Hunde impft, sollten Sie am besten 10 Tage vor einem Impftermin eine Entwurmung durchführen.

Therapie

Die wichtigsten Medikamente zur Entwurmung gibt es in Pastenform oder als Tabletten. Durch eine Kotuntersuchung kann der Tierarzt feststellen, von welchen Würmern der Hund befallen ist und welches Präparat er am besten einsetzt. Da die Übertragung durch Zwischenwirte erfolgt und die Infizierung mit Würmern vom Zufall abhängt, ist es schwierig, genaue Entwurmungsintervalle festzulegen. Sie sollten daher den Kot Ihres Hundes beobachten und am besten alle 3 bis 6 Monate eine Kotuntersuchung machen lassen. Sieht der Hund dünn oder krank aus, hat er Durchfall, bricht er oder wirkt er teilnahmslos, sollten Sie vorsichtshalber mit ihm zum Tierarzt gehen.

Welpen und Junghunde unter einem Jahr sollten viermal pro Jahr entwurmt werden.

Ungeziefer

Tip

Flohhalsbänder verlieren nach einiger Zeit ihre Wirkung und müssen ausgetauscht werden. Notieren Sie sich den Tauschtermin im Kalender. Vor dem Schwimmen sollten Sie das Band abnehmen, da das Wirkpulver sonst schneller verbraucht wird.

Der Blutverlust durch Flöhe ist zwar meist kein großes Problem, die Bißwunde jedoch juckt und führt zu Hautentzündungen. Außerdem können durch Flöhe Bandwürmer übertragen werden. Wählen Sie zur Flohbekämpfung am besten ein Präparat, das sowohl Eier, Larven als auch Flöhe abtötet. Denn nur 5 Prozent der Flohe sind ausgewachsen, 95 Prozent liegen als Eier, Larven oder Puppen vor. Lassen Sie sich bei der Auswahl des Präparates und des Zeitplanes von Ihrem Tierarzt helfen. Es gibt Bäder, Puder, Sprays, Schaum und Spot-on-Präparate, die an einer Stelle, meist im Nacken, aufgetragen werden. Außerdem gibt es Tabletten, die mit dem Futter gegeben werden und die die Entwicklung vom Ei zur Larve verhindern. Besser ist natürlich auch hier die Vorbeugung.

Ganz wichtig ist es, auch die Umgebung im Entwicklungsrhythmus der Flöhe (Katzenflöhe schnellstens in 11 Tagen, Hundeflöhe in 18 Tagen) zu behandeln. Rund 90 Prozent der Flöhe und ihrer Entwicklungsstadien sitzen in Bodenritzen und an den Ruheplätzen des Tieres. Saugen Sie also jede Bodenritze, jede Ecke, alle Sessel und das Sofa gründlich ab, und reinigen Sie natürlich auch den Hundekorb. Solange Ihr Hund von den kleinen Plagegeistern heimgesucht wird, sollte er nur auf kochfesten Decken wie flauschigen Frotteehandtüchern liegen. Waschen Sie die Hundedecke einmal pro Woche bei 90°, und schütteln Sie sie auf keinen Fall aus. Sonst verteilen Sie die Floheier in der ganzen Umgebung.

Der Staubsaugerbeutel ist die beste Brutstätte für neue Flöhe. Hat Ihr Hund Flöhe, sollten Sie nach dem Staubsaugen den Staubbeutel daher fest verschlossen in einem Plastiksack entsorgen.

Alte Hausmittel wie Rosmarinöl reichen zur Flohbekämpfung nicht aus. Ist Ihnen jegliche Chemie zuwider, leistet der altbewährte Flohkamm gute Dienste. Stellen Sie den Hund in die Badewanne oder im Garten auf eine Zeitung, damit Flöhe und Eier nicht in der Wohnung verstreut werden, und kämmen Sie ihn vorsichtig durch. Knüllen Sie die Zeitung vorsichtig zusammen und knoten Sie sie luftdicht in einen Plastiksack. Sie müssen diese Prozedur allerdings täglich wiederholen.

Flohallergie

Manche Hunde leiden auch an einer Allergie auf Flohbisse. Hier kann bereits ein Stich ausreichen, um den Hund zu sensibilisieren. Er reagiert dann nicht nur auf den Speichel der jeweiligen Flohart, sondern auch auf den von Hunde-, Katzen- oder Menschenfloh. Vor allem in der warmen Jahreszeit werden Hunde davon geplagt. Der gesamte Rücken vom Schulterblatt bis zum Rutenansatz kann mit Pusteln bedeckt sein. Der Ausschlag juckt, die Hunde kratzen, nagen und schlecken daran. Kann der Tierarzt keine Flöhe, Eier oder andere Entwicklungsstadien entdecken,

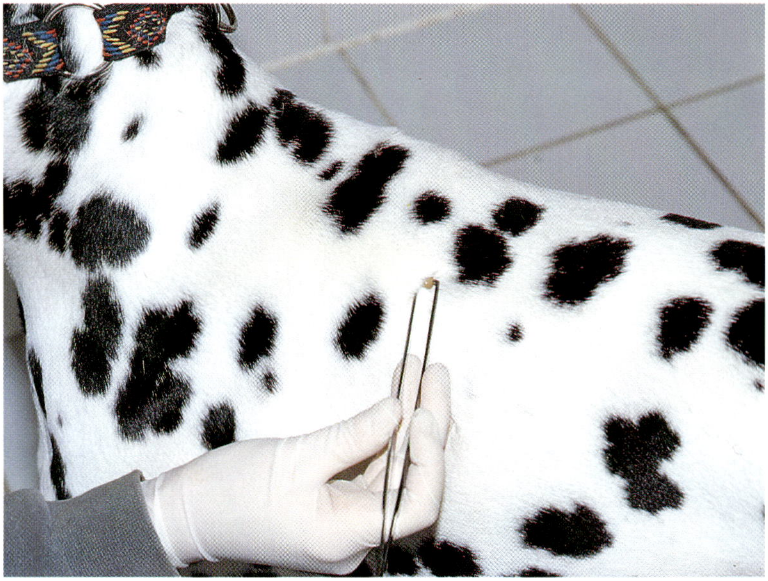

Mit der Zeckenzange lassen sich die Quälgeister leicht entfernen.

sollte er einen Hauttest machen. Auch hier müssen unbedingt alle Flohstadien bekämpft werden.

Zecken

Zwischen April und September nisten sich bei unseren Hunden gern auch noch Zecken ein. Meist handelt es sich dabei um den gemeinen Holzbock *Ixodes ricinus*, der sich vom Ei über ein Larven- und ein Nymphenstadium zur erwachsenen Zecke entwickelt. Jedes Stadium braucht einen Wirbeltierwirt, bei dem es mehrere Tage zur Blutaufnahme bleibt. Der Holzbock kann Viren übertragen, die eine Gehirnhautentzündung hervorrufen.

Borreliose: Etwa 15 Prozent der Zecken haben in ihren Speicheldrüsen Bakterien, die beim Blutsaugen mit dem Zeckenspeichel in die Blutbahn des Hundes gelangen. Daraus resultiert eine fieberhafte Allgemeininfektion mit Abgeschlagenheit und Apathie. Später schwellen die Gelenke an, schmerzen und entzünden sich. Diese Arthritis kann von Gelenk zu Gelenk wandern. Bei vielen Hunden treten trotz Behandlung noch monate- bis jahrelange Schmerzschübe mit Lahmheit auf. Viele Hunde machen eine Infektion durch, ohne zu erkranken. Ihr Bluttest ist jedoch positiv. Infiziert sich eine tragende Hündin,

Vorsicht ⚠

In einigen Gegenden können Zecken auf den Menschen die Zecken-Meningo-Enzephalitis (FSME = Frühsommer-Meningo-Enzephalitis) übertragen. Man kann dieser Virusinfektion des Zentralen Nervensystems mit einer Schutzimpfung vorbeugen. Am meisten gefährdet sind folgende Gebiete: Baden-Württemberg, Bayern, Österreich.

Tip

Haben Sie keine Zeckenzange zur Hand, bewegen Sie die Zecke wie einen Wanddübel hin und her, bis sich die Widerhaken gelöst haben und Sie die Zecke mühelos herausziehen können.

Knoblauch wirkt bei Zecken Wunder.

können sich auch die ungeborenen Welpen mit Borreliose anstecken. Beim Menschen kann die Borreliose, die auch als Lyme-Desease bekannt ist, zu Gelenkentzündungen, Lähmungserscheinungen und sogar zum Tode führen.

Als Urlaubssouvenir aus Mittelmeergebieten bringen sich Hunde leicht die rote Hundezecke mit. Diese Zekken übertragen unter anderem die Erreger der **Babesiose**, gegen die es bisher noch keinen adäquaten Impfstoff gibt. Die Sterberate unbehandelter Hunde ist leider sehr hoch. Zur Vorsorge gegen Zecken legen Sie Ihrem Hund am besten ein Zeckenhalsband an. Achten Sie darauf, daß das Band wasserfest ist.

Als pflanzliche Alternativen zu Zeckenhalsbändern können Sie den Fellgeruch des Hundes durch eine tägliche Knoblauchzehe im Futter für Zecken unattraktiv machen. Die gleiche Wirkung hat Lavendel-, Rosmarin- oder Zedernöl. Sprühen Sie einen Tropfen auf einen halben Liter Wasser mit einer Blumenspritze vor jedem Spaziergang aufs Fell.

Vorsicht! ⚠

Auf keinen Fall dürfen Sie saugende Zecken mit Öl beträufeln oder mit Nagellack bepinseln, da sie sich nur noch fester verhaken und im Erstickungskampf unter Umständen besonders viel infektiösen Speichelinhalt (s. a. Borreliose) absondern.

So mißt man die Temperatur eines Hundes. Am besten lassen Sie es sich vorher vom Tierarzt zeigen.

Milben

Sarcoptes-Milbe: Diese Milben rufen Hautveränderungen an den Ohrrändern, am Nasenrücken und am Augenbogen hervor. Es bilden sich Knoten und Pusteln oder Schuppen. Da die Hunde unter starkem Juckreiz leiden, scheuern und kratzen sie sich ständig. Die Haut wird dick, und es entstehen graue Krusten. Die Tiere stecken sich über direkten Kontakt an. Um alle Stadien loszuwerden, sollten Sie den Hund dreimal mit je einer Woche Abstand mit einem speziellen Präparat abwaschen oder einer Lotion behandeln. Beim Menschen kann diese Milbe eine Scheinräude hervorrufen.

Otodectes-Milbe: Diese Milben befallen meist nur die innere Ohrmuschel und den äußeren Gehörgang. Es bildet sich vermehrt Ohrensekret, die Hunde schütteln den Kopf und kratzen sich an den Ohren. Die Ansteckung erfolgt ebenfalls von Tier zu Tier. Auch hier gibt es spezielle Lotionen. Zusätzlich sollten Sie Decken und Kissen auskochen und den Korb desinfizieren.

Herbstgrasmilbe: Vor allem Zwischenzehenspalt, Augen- und Lippengegend, Nasenrücken und Ohrmuscheln werden von diesem lästigen Parasiten im Sommer und Herbst heimgesucht. Die Hautstellen röten sich und jucken ebenfalls. Bei vermehrtem Befall entwickelt sich ein ähnliches Krankheitsbild wie bei der *Sarcoptes*-Milbe.

Raubmilbe: Diese Milben ernähren sich von Hautschuppen und leben auf der Hautoberfläche oder im Fell. Diagnose und Behandlung sind für den Tierarzt kein Problem. Raubmilben können auch auf den Menschen übertragen werden und führen ebenfalls zu einer heftig juckenden Hautentzündung.

Demodex canis: Die Milbe gehört zu den Haarbalgmilben und lebt in den Haarfollikeln (Talgdrüsen). Man findet sie in gesunder Haut bei nahezu jedem Hund. Nur wenn das Immunsystem des Tieres geschwächt ist, kommt es zur Erkrankung. Die Haut wehrt sich gegen die Eindringlinge mit einer Entzündung. Hunde, die an einem erblich bedingten Defekt des Immunsystems (T-Zelldefekt) leiden, können sich nicht gegen die Milben wehren, und die Krankheit, die Demodikose, bricht in lokalisierter oder generalisierter Form aus. Bei der Demodikose kommt es zu tiefgreifenden Entzündungen und zu Vereiterungen, da Bakterien eindringen können. Symptome sind anfangs entzündliche Rötungen, später eitrige schuppige, nässende, juckende Hautstellen, an denen das Haar ausfällt. Die Hunde infizieren sich als Welpen durch Körperkontakt und das Saugen bei der Mutter. Hündinnen, deren Welpen erkrankt sind und Hunde mit generalisierter Demodikose müssen aus der Zucht genommen werden. Während die lokalisierte Form der Erkrankung vom Tierarzt gut behandelt werden kann, ist die generalisierte Form prognostisch ungünstiger und bedarf einer intensiven Therapie.

Kastration

Wollen Sie mit Ihrem Hund ohnehin nicht züchten, sollten Sie ihn besser kastrieren lassen. Kastrierte Tiere leben weitaus streßfreier und werden im Durchschnitt älter als unkastrierte. Kastrierte Hündinnen neigen weniger zu Gebärmutterentzündungen und Gesäugetumoren. Außerdem beugt man Scheinschwangerschaften vor. Die Kastration von Rüden verhindert Prostataprobleme, die im Alter relativ häufig auftreten. Auch für Streuner und hypersexuelle Rüden ist die Kastration eine empfehlenswerte »Therapie«.

Der alte Spruch, »einmal im Leben muß eine Hündin Junge haben«, ist übrigens Unsinn. Ebenso wie das Vorurteil, daß alle Hunde danach zu kleinen »Pummelchen« werden. Durch die Hormonumstellung kann der Futterbedarf allerdings etwas sinken, so daß die Futtermenge angepaßt werden muß.

Der kleine Unterschied

Lange Zeit verwendete man für die Kastration von Hündinnen den Begriff Sterilisation. Die Sterilisation ist jedoch lediglich eine operative Teilentfernung, Unterbindung, Durchtrennung oder Unwegsammachung der Ausführungsgänge der Eileiter bzw. Samenleiter. Sie hat das Ziel, die Tiere lediglich unfruchtbar zu machen. Da Hündinnen danach weiterhin läufig werden, Rüden anlocken und auch die positiven Wirkungen der Kastration wegfallen, werden sie ebenfalls kastriert. Unter Kastration versteht man die operative Entfernung der Eierstöcke bzw. der Hoden. Die Gebärmutter wird nur dann mit entfernt, wenn sie krankhaft verändert ist.

Erste Hilfe

Auch als verantwortungsbewußter Hundebesitzer kann man plötzlich in die Lage kommen, bei kleineren oder größeren Verletzungen Erste Hilfe leisten zu müssen.

Bei einem Autounfall müssen Sie zunächst natürlich die Unfallstelle sichern. Auch ein verletzter Hund wird wahrscheinlich versuchen davonzulaufen. Seien Sie aber vorsichtig, wenn Sie ihn anleinen wollen. Auch der eigene Hund kann im Schock zubeißen. Ist er benommen oder bewußtlos, machen Sie eine Schockprobe. Drücken Sie dazu mit einem Finger kurz auf das Zahnfleisch. Dauert es länger als 2 Sekunden, bis die Stelle wieder rosa wird, muß der Hund besonders schnell zum Tierarzt. Denn Schock ist lebensgefährlich. Transportieren Sie den Hund in Seitenlage, und achten Sie darauf, daß er unterwegs nicht vom Sitz fallen kann. Einem fremden Hund sollten Sie besser versuchen das Maul mit einer Verbandsschlinge zuzubinden. Sieht es nach einer schweren Verletzung aus, sollten Sie den Hund behutsam an seinen Hautfalten auf ein Brett oder ei-

So transportiert man einen verletzten Hund.

ne andere feste Unterlage ziehen, da das Tier eine Wirbelsäulenverletzung haben kann. Einen Beinbruch polstern Sie am besten nur mit Handtüchern, Mullknäuel oder ähnlichem. Leichtere Blutungen brauchen Sie nur mit sauberen Baumwolltüchern oder steriler Gaze abzudecken. Steckt ein Fremdkörper in der Wunde, z. B. eine Glasscherbe oder ein Nagel, dürfen Sie ihn nicht herausziehen. Verbinden Sie die Wunde provisorisch, und fahren Sie zum nächsten Tierarzt. Auch das Reinigen einer grob verunreinigten Wunde sollten Sie besser ihm überlassen. Ist eines der großen Gefäße verletzt, müssen Sie einen Druckverband anlegen. Am besten decken Sie ein sauberes Baumwolltaschentuch über die Wunde und umwickeln die Stelle mit einer Mullbinde so fest, daß es nicht sofort wieder durchblutet. In größeren Städten bieten Tierärzte Erste-Hilfe-Kurse für Hundefreunde an. Dort lernt man ganz alltägliche Handgriffe wie Fiebermessen, aber auch wie man sich in Notfällen verhält. Veranstaltungsorte und Zeiten wissen meist Hundesportverbände, mitunter auch Volkshochschulen.

Vorsicht! ⚠

Verwenden Sie kein Desinfektionsmittel oder Wundgelee, bevor der Tierarzt eine Verletzung gesehen hat.

Putz- und Waschmittel, Zigaretten oder auch Kinderspielzeug, das zum Kauknochen umfunktioniert wird, können für einen neugierigen Vierbeiner gefährlich werden. Bekommt der Hund plötzlich Bauchschmerzen, Atemnot oder hat er Probleme, Kot abzusetzen, sollten Sie besser gleich zum Tierarzt gehen. Auch der Garten lauert voller Gefahren. Schneckenkorn beispielsweise lockt Hunde geradezu an. Erste Vergiftungserscheinungen zeigen sich durch Zittern, Taumeln, Speicheln und Augenrollen. Auf Gift gegen Mäuse und Ratten (Cumarin) reagiert der Vierbeiner meist erst, wenn er mehrmals hintereinander davon genascht hat. Es kommt zu Gerin-

Tip

Für alle Notfälle gilt ein oberster Grundsatz: Zwingen Sie sich, ruhig zu bleiben. Nur so können Sie einen klaren Kopf behalten und schnellstmöglich das Beste für Ihren Vierbeiner tun.

nungsstörungen, und auch kleinste Verletzungen bluten dann stark. Geben Sie Ihrem Hund bei Vergiftungserscheinungen aber auf keinen Fall Wasser oder Milch. Entfernen Sie eventuell vorhandene Giftreste aus dem Maul oder Fell und fahren Sie sofort zum Tierarzt.

So »rutschen« Medikamente besser

Während einige Hunde ihre Medikamente problemlos in einem Stück Fleisch oder Hundefutter hinunterschlucken, gibt es so manche Exemplare, die eine Tablette so geschickt »herauspfriemeln«, daß das Medikament nicht im Hundemagen, sondern im Staubsauger landet. Wenn eine Tablette also nicht gewirkt hat, sollten Sie mißtrauisch werden. Haben Sie solch einen »Kostverächter« zu Hause, umfassen Sie mit der linken Hand seinen Oberkiefer und schieben mit Daumen und Zeigefinger die Lefzenhaut in die seitlichen Zahnlücken. So kann der Hund nicht zubeißen. Tippen Sie mit der rechten Hand an die Schneidezähne, und drücken Sie mit dem Mittelfinger den Unterkiefer nach unten. Schieben Sie dann die Tablette, die Sie zwischen Zeige- und Ringfinger halten, möglichst tief in seinen Schlund. Klappen Sie das Maul zu, und massieren Sie leicht die Kehle, um den Schluckreflex anzuregen. Wasserlösliche Tabletten können Sie dem Hund auch mit einer Einmalspritze (ohne Nadel) in die Lefzen spritzen.

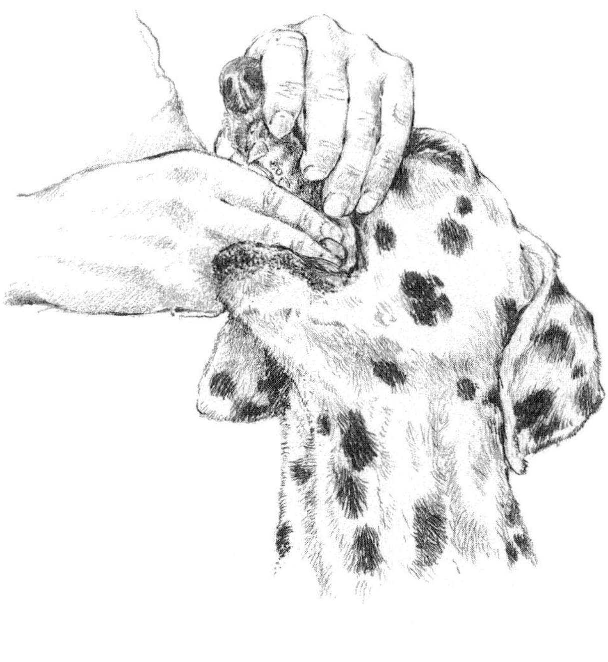

Medikamente verabreichen – so wird's gemacht!

Zahnvorsorge

Auch an unseren Hunden nagt der »Zahn der Zeit«. Rund 85 Prozent aller Hunde, die älter sind als vier Jahre, haben mehr oder weniger schwere Erkrankungen der Zähne und des Zahnfleisches, deren Ursache die Ablage von Zahnbelag auf der Zahnoberfläche ist. Diese Plaque setzt sich aus Speichel, Futterresten und Bakterien zusammen. Wird sie nicht regelmäßig entfernt, lagern sich außerdem Kalksalze ein, und es entsteht bräunlicher Zahnstein. Sind Zähne und Zahnfleisch angegriffen, gelangen Bakterien über die Maulhöhle in den gesamten Organismus des Tieres und greifen die allgemeine Gesundheit an. Zahnhygiene und Zahnbehandlung

Kauknochen aus Büffelhaut reinigen das Gebiß. Es gibt sie in verschiedenen Formen und Größen.

Tip

Achten Sie darauf, daß Ihr Hund nicht mit Steinen spielt. Dabei können die Zähne abbrechen. Geben Sie ihm statt dessen lieber Kauknochen. Sie säubern und festigen das Zahnfleisch.

sind also alles andere als überflüssiger Luxus. Veränderungen im Verhalten des Hundes wie Schmerzreaktionen oder Freßunlust und starker Mundgeruch sind Symptome, daß etwas »faul« ist. Eine gründliche Entfernung des Zahnsteins mit einem Ultraschallgerät durch den Tierarzt ist daher eine wichtige Gesundheitsvorsorge. Da der Hund nicht versteht, warum er diese Behandlung über sich ergehen lassen soll, findet sie unter Narkose statt. Um das Auftreten neuer Probleme zu verhindern oder besser gar nicht erst aufkommen zu lassen, sollten Sie dem Hund vom Welpenalter an regelmäßig die Zähne putzen (S. 38).

Gebiß

Das Milchgebiß der Welpen, das im Alter von 5 bis 6 Wochen durchbricht, besteht aus 28 Zähnen. Das sogenannte Ersatzgebiß der erwachsenen Tiere hat 42 Zähne. Der Wechsel vom Milchgebiß zu den bleibenden Zähnen ist mit etwa 6 bis 7 Monaten abgeschlossen.

Die tierärztliche Behandlung abgebrochener Zähne, Wurzelbehandlungen, Plomben oder sogar Kronen sind bei Hunden heute ebenfalls keine Seltenheit mehr.

Alternative Heilmethoden

Auch wenn Homöopathie immer noch nicht an der Universität gelehrt wird, greifen heute sehr viele Kleintierpraktiker auf homöopathische Präparate und alternative Heilmethoden zurück.

Akupunktur und Akupressur: Zur Diagnose oder Therapie werden bei der Akupunktur Metallnadeln an bestimmten sensiblen Punkten in die Haut gestochen bzw. bei der Akupressur diese Punkte massiert.

Bestrahlung: Bei Ekzemen, Hautpilzerkrankungen und schlecht heilenden Wunden bewährt sich die Bestrahlung mit UV-B-Strahlen. UV-Licht kann bei allgemeiner Abwehrschwäche oder schweren inneren Erkrankungen erfolgreich eingesetzt werden.

Homöopathie: Das durch Samuel Hahnemann (1755–1843) begründete Therapieprinzip arbeitet nach der sogenannten Ähnlichkeitsregel (homoios = ähnlich; pathos = Leiden), d. h., es werden Substanzen eingesetzt, die in hoher Dosierung Symptome hervorrufen, die den zu behandelnden Krankheitserscheinungen ähnlich sind. In der Hochverdünnung jedoch regen diese Substanzen die Selbstheilungskräfte des Körpers gegen die betreffenden Symptome an. Die Ausgangsstoffe für homöopathische Medikamente sind u. a. Pflanzen, Mineralien und tierische Bestandteile. Die Urtinktur aus der Ausgangssubstanz wird in Zehnerschritten nach einem festgelegten Verfahren verdünnt. Man bezeichnet dieses Verfahren als Potenzierung. Sie soll die Wirksamkeit des Mittels erhöhen. Homöopathische Arzneimittel erhalten Sie in der Apotheke in Form von Tabletten, Dragees, Pulver, Tropfen, Ampullen oder Globuli.

Phytotherapie (Pflanzenheilkunde): Das Wissen um die Anwendung von Heilkräutern war und ist auch heute noch in allen Naturvölkern und Hochkulturen weit verbreitet. In der Phytotherapie werden Pflanzenbestandteile (Blätter, Wurzeln, Blüten, Früchte, Rinde) und die darin enthaltenen Wirkstoffe verwendet. Man unterscheidet eine Vielzahl an Wirkstoffen: ätherische Öle, Bitterstoffe, Gerbstoffe, Saponine, Scharfstoffe, Schleimstoffe, Alkaloide, Enzyme, Glykoside, Harze, Kohlenhydrate, Vitamine und Wachse. Sie werden in verschiedenen Darreichungsformen eingesetzt.

Magnetfeldtherapie: Da das behandelte Gewebe besser durchblutet und der Lymphabfluß unterstützt wird, kann die Wirkung von Magnetfeldern ebenfalls die Heilung fördern.

Massage: Sie wird seit längerem sehr erfolgreich bei Bandscheibenerkrankungen, Rheuma, HD, Zerrungen, der Rehabilitation nach Knochenbrüchen, Lähmungen, altersbedingter Arthrose, Durchblutungsstörungen oder Darmproblemen durchgeführt. Da sich Hunde meist ohne große Probleme massieren lassen und es oft sogar genießen, kann auch der Tierbesitzer unter Anleitung eines erfahrenen Tiermasseurs einfache Griffe erlernen und bei gewissen Krankheitsbildern sein Tier selbst therapieren.

Krankheitsanfälligkeiten

Taubheit

Wie bei anderen Rassen auch, gibt es beim Dalmatiner Krankheitsanfälligkeiten, die vererbt oder erworben werden. Mitunter tritt die angeborene Taubheit auf. Etwa 3 bis 4 Prozent der jährlich geborenen Welpen können überhaupt nicht hören. Der Vererbungsweg der angeborenen Taubheit ist bis heute nicht endgültig geklärt. Als gesichert gilt aber eine Vererbung zusammen mit dem Merle-Gen. Wie bei anderen Hunde- und auch Katzenrassen ist die Anlage für weiße Scheckung oft mit der Anlage für Hör- und Sehschäden gekoppelt. Grundsätzlich unterscheidet man zwischen der konduktiven Taubheit, bei der Veränderungen des Außen- oder des Mittelohres vorliegen, und der neurosensorischen Taubheit, die durch Veränderungen im Innenohr zustandekommt. Während die konduktive Taubheit in Einzelfällen chirurgisch behandelt werden kann, ist dies bei der neurosensorischen Taubheit unmöglich. Um beidseitig nicht hörende Welpen zu erfassen, wird seit einigen Jahren die audiometrische Untersuchung eingesetzt, eine Gehöruntersuchung, die bereits ab der 6. Lebenswoche eine objektive und sichere Diagnose liefern kann. Über Kopfhörer wird dabei jedes Ohr getrennt durch ein Klickgeräusch mit Lautstärken bis zu 120 dB stimuliert. Bei intakter Innenohrfunktion wird für jedes Ohr eine eigene mehrgipfelige Potentialkurve abgeleitet und auf einem Computerbildschirm sichtbar gemacht. Sind die Sinneszellen im Innenohr jedoch geschädigt, ist eine Umwandlung des akustischen Reizes in Gehirnströme nicht möglich. Während einseitig taube Hunde zwar von der Zucht ausgenommen werden, aber gut mit ihrer Behinderung zurechtkommen, werden beidseitig taube Welpen eingeschläfert, da sie sich in unserer Umwelt normalerweise nicht zurechtfinden können. Die Engländerin Lyn Diable, die auf ihrer Farm in West Sussex zahlreichen verhaltensgestörten und tauben Dalmatinern ein Zuhause gibt, hat eine eigene Methode entwickelt, beidseitig tauben Hunden ein artgerechtes Leben zu ermöglichen. Ein bereits ausgebildeter hörender Hund wird mit einem tauben zusammengebunden. Wenn sie dem gesunden Hund Kommandos zuruft, gibt sie gleichzeitig die Signale der Zeichensprache weiter. Während der eine Hund auf ihre Stimmkommandos reagiert, lernt der andere dabei die Zeichensprache. »Sie wissen überhaupt nicht, daß sie ein Problem haben,« erklärt Lyn. »Sie schauen dich an und wissen, was du ihnen sagen willst. So wie taube Menschen von den Lippen ablesen. Und wenn man lächelt, wedeln sie mit dem Schwanz.«

Uratsteine

Wie klinische Tests an zahlreichen Dalmatinern zeigen, ist die Bildung von Uratsteinen (Urat = Salz der Harnsäure) ebenfalls rassetypisch. Diese Steinbildung gibt es zwar auch bei anderen Rassen, die Entstehung verläuft beim Dalmatiner jedoch anders. Ohne daß Harnsäure in wasserlöslichen Harn umgewandelt worden ist, wird sie als Endprodukt direkt durch die Nieren abgesondert. Dalmatiner haben eine bis zu dreifach höhere Konzentration von Harnsäure im Plasma und eine bis zu zehnfach höhere Harnsäureausscheidung gegenüber anderen Hunderassen. Allerdings hängt die Steinbildung zusätzlich noch von anderen Faktoren wie z. B. den pH-Werten ab. Die Uratsteinbildung beruht auf einer Stoffwechselschwäche und darf nicht mit Nierenschwäche oder Harninkontinenz verwechselt werden, die man bei vielen Hunden findet, wenn sprechender Ernährung vorbeugen kann. Wie erste Untersuchungen zeigen, scheint die Fütterung von pflanzlichem Eiweiß wie Weizen oder Soja die Steinbildung zu verhindern, während Futter mit tierischem Eiweiß das Gegenteil bewirkt.

Hautprobleme

Die Unverträglichkeit mancher Lebensmittel zeigt sich beim Dalmatiner auch an der Haut. Vor allem stark gewürzte Speisen und zuviel tierisches Eiweiß machen sich durch Hautunreinheiten sofort bemerkbar. Wie bei Menschen nimmt auch bei Hunden die Neigung zu Allergien zu. Einige Dalmatiner leiden an Haut- und Fellproblemen, die im Sommer schlimmer werden können. Manche Hunde sind gegen Staub oder Gräser allergisch, und ganz selten findet man auch Tiere, die an chronischer Dermatitis (Hautentzündung) leiden. Da diese Probleme meist erblich bedingt sind, sollten die Elterntiere auf mögliche Hautprobleme untersucht werden.

Dieser Dalmatiner ist rundum gesund.

sie allmählich »in die Jahre kommen«. Die schlimmsten Konsequenzen sind Nieren- und Blasensteine, Harnröhrenblockierung und Blutvergiftung. Zum Glück kommt es nur sehr selten bei Rüden dazu, bei Hündinnen fast nie. Früh genug erkannt, gibt es zudem hervorragende ausgleichende Diäten und Medikamente. Experten vermuten, daß eine Verbindung zwischen der Proteinmenge im Futter und der Verstärkung der Steinbildung besteht, so daß man mit ent-

Hüftgelenksdysplasie (HD)

Diese ebenfalls erblich bedingte Krankheit spielt beim Dalmatiner keine große Rolle. Bei an HD erkrankten Hunden findet der Oberschenkelkopf durch eine Abflachung der Hüftknochen keinen festen Halt in der Gelenkpfanne, und es kommt zu einer Schwäche der Hinterhand, zu Bewegungsstörungen oder -unfähigkeit. Vor der Zuchtzulassung wird eine Bestätigung verlangt, daß der Hund HD-frei ist.

KAPITEL 10

Ausstellungen

Spieglein, Spieglein an der Wand...

...wer ist die Schönste im ganzen Land?

Die Schönheit des Dalmatiners prädestiniert ihn natürlich geradezu für Ausstellungen. Wer vorhat, seinen Hund hier zu präsentieren, muß schon bei der Welpenauswahl besondere Kriterien beachten. Aber selbst ein perfekt getupfter Welpe muß nicht unbedingt zu einem perfekten Ausstellungshund heranwachsen. Auch zwei erfolgreiche Ausstellungshunde in einem Wurf gelten unter Züchtern fast schon als Wunder.

Die Idee, Hunde auf Ausstellungen anhand ihrer Schönheit zu beurteilen, entstand in der zweiten Hälfte des 19. Jahrhunderts in England. Auch bei uns dauerte es nicht lange, bis sich Hundefreunde zu Rassehundeverbänden zusammenschlossen und Ausstellungen organisierten. Das Bewertungskriterium auf solchen Ausstellungen ist heute der von der FCI (Fédération Cynologique Internationale, dem Weltverband für Hundezüchter und -sportler) aufgestellte Rassestandard. Teilnehmen können Hunde, die eine von der FCI anerkannte Ahnentafel haben und vollständig geimpft sind. Da sich bei diesen Ausstellungen u. a. zeigt, ob ein Hund auch in der Zucht eingesetzt werden kann, spricht man oft von Zuchtschauen. Abhängig von Alter und Ausbildungskennzeichen werden die Hündinnen und Rüden in verschiedene Klassen eingeteilt und durch besonders ausgebildete Zuchtrichterinnen und -richter nach ihrem Verhalten, der Konstruktion

Formwerte

Klasseneinteilung:

Jüngstenklasse	6–9 Monate
Jugendklasse	9–18 Monate
Offene Klasse	ab 15 Monate
Championklasse	Champions ab 15 Monate
Veteranenklasse	ab 8 Jahre

Formwertnoten:

Jüngstenklasse:
- vielversprechend (vv)
- versprechend (vsp oder v)
- wenig versprechend (wv)

alle anderen Klassen:
- vorzüglich (v)
- sehr gut (sg)
- gut (g)
- genügend (ggd)
- nicht genügend (nggd)

des Skeletts, der Beschaffenheit der Muskulatur, den Bewegungen, Stellungen und der Vollzahnigkeit des Gebisses bewertet. Der Richter vergleicht seine Beobachtungen mit den Forderungen des Standards und benotet den vorgestellten Hund. Ein Hund, der dem Rassestandard sehr nahe kommt, erhält z. B. die Formwerte *Vorzüglich*. Hat er einige Fehler, bekommt er *Sehr gut* oder *Gut*.

Damit Sie Ihren Hund auf einer Ausstellung auch richtig präsentieren können, muß er die nötige Ringdressur beherrschen, also im Schritt und Trab an der Leine bei Fuß gehen und einige Minuten still stehen bleiben, damit ihn der Richter abtasten und das Gebiß kontrollieren kann. Wie der Hund richtig stehen soll, lassen Sie sich am besten von einem erfahrenen Züchter oder Hundebesitzer zeigen. Wichtig ist natürlich auch, daß sich der Hund gegenüber Artgenossen friedlich verhält.

Titelvoraussetzungen

Internationaler Schönheits-Champion: Vier durch die FCI bestätigte CACIB unter drei verschiedenen Richtern in drei verschiedenen Ländern. Davon einmal im Heimatland des Hundeeigentümers oder im Ursprungsland der Rasse. Zwischen dem ersten und dem letzten CACIB muß ein zeitlicher Zwischenraum von mindestens einem Jahr und einem Tag liegen. Das CACIB kann nur in der Championklasse, der Offenen Klasse oder der Gebrauchshundeklasse vergeben werden.

Deutscher Champion (Klub): Vier Anwartschaften unter drei verschiedenen Zuchtrichtern. Zwischen der ersten und letzten Anwartschaft müssen mindestens 12 Monate und ein Tag liegen. Die Anwartschaften können nur in der Offenen Klasse sowie Champion- und Gebrauchshundeklasse auf termingeschützten Zuchtschauen vergeben werden, wobei der Hund mit *Vorzüglich 1* bewertet worden sein muß.

Deutscher Champion (VDH): Der Hund muß für vier Anwartschaften auf den Titel »Deutscher Champion (VDH)« von mindestens drei verschiedenen Zuchtrichtern vorgeschlagen worden sein, wobei mindestens zwei auf Internationalen oder Allgemeinen Zuchtschauen errungen wurden. Außerdem muß die VDH-Geschäftsstelle die vier Vorschläge bestätigt haben. Zwischen der ersten und der letzten Anwartschaft muß ein zeitlicher Mindestzwischenraum von 12 Monaten und einem Tag liegen. Ein Hund kann nur einmal den Titel »Deutscher Champion (VDH)« verliehen bekommen.

Kleine »Tupfenkunde«

Der Dalmatiner gehört zu einer der wenigen Hunderassen, von der man mit Sicherheit behaupten kann: »Verwechslung ausgeschlossen«. Sein glattes, kurzes und glänzendes Fell, das über und über mit kleinen schwarzen oder braunen Tupfen übersät ist, verrät ihn schon von weitem. Sein auffallendes Fellmuster wird in Anlehnung an den Leoparden mitunter auch noch Pardelzeichnung (Pardel = altertümlicher Name für Leopard) genannt. Der erste 1882 von Vero Shaw eingeführte Standard führte als erlaubte Farbe auch noch »Dunkelblau« auf und ließ lohfarbene Tupfen an Kopf und Beinen bei den schwarz getupften Hunden zu. Der erste offizielle Standard von 1890 erwähnte dann die blaue Farbe und die lohfarbenen Abzeichen nicht mehr.

Da das Tupfenmuster anscheinend einem polyfaktoriellen Erbgang folgt, also verschiedene Genorte daran beteiligt sind, ist eine Fixierung auf ein konstantes Muster kaum möglich. Deshalb gibt es Hunde mit unterschiedlich stark ausgeprägter Fellzeichnung. Über den Erbgang der Platten ist so gut wie gar nichts bekannt. Laut W. Wegner werden 11 Prozent der Welpen mit mehr oder weniger großen Platten geboren, bei Rüden tauchen sie häufiger auf als bei Hündinnen. Diese zusammenfließenden Punkte zeigen sich vor allem an den Ohren, der Halsseite, der Schulterpartie, den Lenden, der

Diese fröhlichen Rangen haben Ohrplatten, einen zuchtausschließenden Schönheitsfehler. Die Ohrplatten sind bereits beim Neugeborenen sichtbar. Die Tupfen hingegen entwickeln sich erst später.

Ein blaues Auge wird Birkauge genannt.

Kruppe und der Schwanzwurzel. Experten nehmen an, daß für die Plattenbildung ein besonderes Gen verantwortlich ist, da sie bereits beim Neugeborenen zu erkennen sind. Die Tupfen hingegen entwickeln sich erst im Laufe der zweiten Lebenswoche. Dalmatiner werden weiß geboren. Nur am Nasenschwamm und den Ohrsäumen kann man erahnen, daß hier einmal Farbe herauskommen wird. Erst mit etwa zehn Tagen bilden sich allmählich die Tupfen, anfangs auf dem Bäuchlein, dann rund um die Augen. Mit etwa drei Wochen sind die schwarzen oder braunen Tupfen dann über den ganzen Körper verstreut. Zum Zeitpunkt der Welpenabgabe sind auch Augen und Nase durchpigmentiert.

Auch für das schokoladenfarbene oder leberbraune Pigment ist ein besonderes Gen verantwortlich, das sich jedoch gegenüber dem für das schwarze Pigment zuständigen Gen immer rezessiv verhält. Braune Dalmatiner sind also immer reinerbig braun und können unter sich gepaart keine schwarz getupften Nachkommen haben. Die braunen Tupfen können ziemlich verschiedene Helligkeitswerte aufweisen. Bei manchen Hunden erscheinen sie vor allem auf dem Rücken praktisch schwarz, obwohl die Hunde eine leberbraune Nase haben. Bei Kreuzungen mit schwarzen Hunden, die reinerbig sind, werden in der ersten Generation nur schwarz getupfte Welpen geboren. Diese wiederum unter sich gepaarten Nachkommen spalten sich gemäß der Mendelschen Regel auf in 25 Prozent rein schwarz, 50 Prozent mischerbig schwarz und 25 Prozent reinerbig braun. Dabei handelt es sich allerdings um statistische Werte, die bei einem einzelnen »Zufallswurf« nicht auftreten müssen.

Eine unerwünschte Anlage beim Dalmatiner, die über viele Generationen unerkannt weitergegeben werden kann, ist die lemon- und orangefarbige Tüpfelung (helles Gelb bzw. kräftiges Gelb), die in Deutschland erst seit rund 40 Jahren auftritt. Dieser ebenfalls rezessive Erbfaktor bewirkt ein Verblassen der schwarzen Haarfarbe, wobei Nasen- und Augenpigmente schwarz oder braun ausgebildet sind. Lemonfarbige Hunde sind für die Weiterzucht gesperrt, ebenso wie dreifarbige Hunde. Bei diesen früher sehr beliebten »Bunten«, die heute nur noch gelegentlich in einigen Zuchtlinien auftauchen, sind schwarze und braune Tupfen über Körper, Kopf und Gliedmaßen verteilt. Mitunter erscheinen die braunen Tupfen auch nur auf der Innenseite der Beine. Im Gegensatz dazu kann die bronzierte Tüpfelung nach einiger Zeit wieder verschwinden. Bei der Bronzierung erscheinen die schwarzen Tupfen bräunlich schimmernd oder braun gerändert. Die Ursache kann in Umwelteinflüssen, aber auch in einer Stoffwechselstörung liegen. Bei beiden Farbschlägen kommt mitunter auch Blauäugigkeit vor. Meist ist allerdings ein Auge normal gefärbt, das andere blau oder teilweise blau (Birkauge).

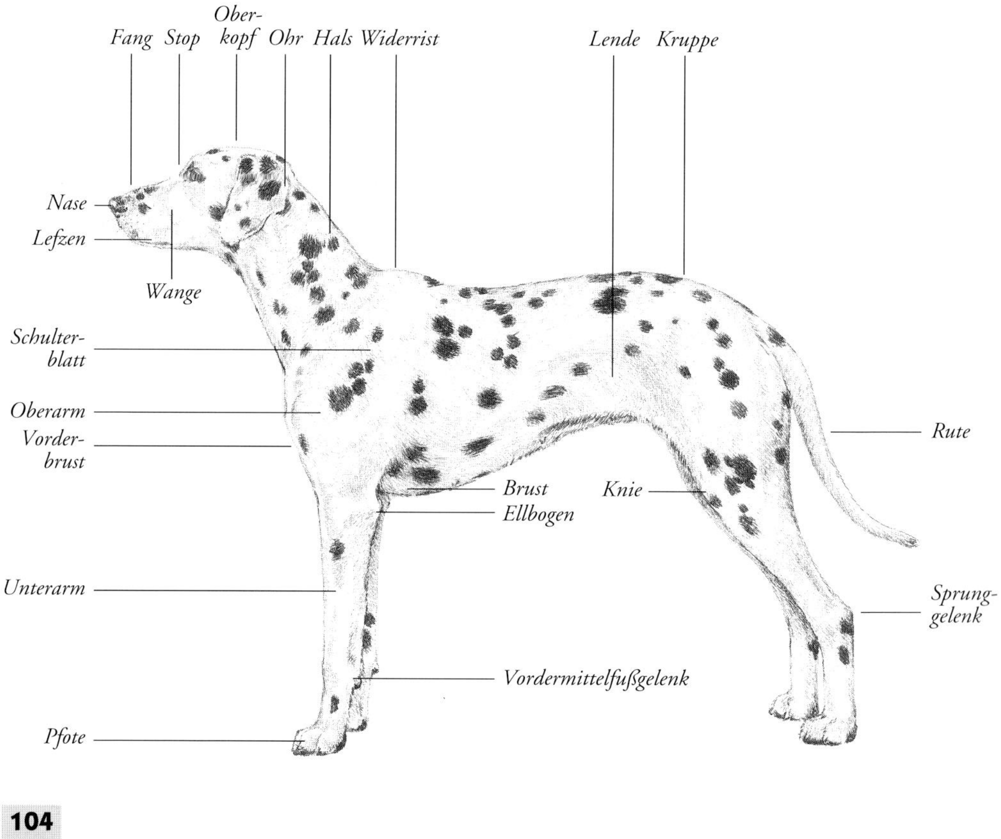

Rassestandard Dalmatiner

FCI-Standard Nr. 153/14.09.1994/D

Ursprung: Dalmatien, kroatische Republik

Patronat: F.C.I.
Datum der Publikation des gültigen Original-Standard: 15.09.1992
Verwendung: Begleithund, Familienhund. Geeignet zur Abrichtung als Begleit- und Sanitätshund
Klassifikation F.C.I.: Gruppe 6 (Laufhunde, Schweißhunde und verwandte Rassen)
Sektion 3 (Verwandte Rassen)
Ohne Arbeitsprüfung.

Allgemeines Erscheinungsbild: Der Dalmatiner ist ein augenfällig getupfter, starker, muskulöser und lebhafter Hund. Er ist symmetrisch in seinen Umrissen, frei von Grobheiten und Schwerfälligkeiten und fähig, mit großer Ausdauer schnell zu laufen.

Verhalten und Charakter: Angenehmes Wesen, freundlich, nicht scheu oder zurückhaltend und frei von Nervosität und Aggressivität.

Kopf und Schädel: Der Kopf ist von guter Länge. Der Schädel soll flach, zwischen den Ohren am breitesten und an den Schläfen gut geformt sein. Er soll einen deutlichen Stop aufweisen. Falten sind unerwünscht. Der Fang ist lang und kräftig und darf nicht spitz zulaufen. Die Lefzen sollen eng am Kiefer anliegen und nicht überhängen. Die Nase ist beim schwarz getupften Farbschlag immer schwarz und beim braun getupften Farbschlag entsprechend braun.

Fang und Gebiß: Kräftige Kiefer mit perfektem, regelmäßigem und vollständigem Scherengebiß.

Augen: Die Augen sollen mäßig auseinanderliegen und von mittlerer Größe sein; rund, klar und funkelnd, mit einem intelligenten Ausdruck. Beim schwarz getupften Farbschlag müssen die Augen dunkel und beim braun getupften mittelbraun bis bernsteinfarbig sein. Die Lidränder sind beim schwarz getupften Farbschlag durchgehend schwarz oder sehr dunkel und beim braun getupften Farbschlag durchgehend braun.

Behang: Die Ohren sind hoch angesetzt, von mittlerer Größe und ziemlich breit im Ansatz. Am Kopf anliegend getragen, werden sie allmählich schmäler bis zu ihrer abgerundeten Spitze. Sie sind dünn und fein in ihrer Struktur und gut getupft.

Hals: Der Hals soll mäßig lang, gut gewölbt und leicht sein. Er soll zum Kopf hin schmaler werden und ganz ohne Wamme sein.

Körper: Die Brust soll tief und geräumig sein. Die Rippen sind gut gewölbt und der Widerrist gut abgesetzt. Der Rücken ist kraftvoll und gerade und die Lenden stark bemuskelt und leicht gewölbt.

Rute: Ungefähr bis zum Sprunggelenkhöcker reichend, kräftig am Ansatz und gegen das Ende gleichmäßig dünner werdend und keinesfalls grob. Die Rute soll weder zu tief noch zu hoch angesetzt sein. Leichte Aufwärtsbiegung, aber keinesfalls geringelt. Tupfen sind erwünscht.

Gliedmaßen:
Vorhand: Die Schultern sollen leicht schräg und trocken bemuskelt sein. Die Ellbogen müssen eng am Körper anliegen. Die Vorderläufe sind völlig gerade, starkknochig und kräftig. Die Vorderfußwurzelgelenke sollen Elastizität zeigen.

Hinterhand: Muskeln stark entwickelt und gut sichtbar. Kniegelenke gut gewinkelt, Leicht angewinkelte Sprunggelenke. Von hinten gesehen sind die Läufe parallel.

Pfoten: Rund, fest, mit gut gewölbten Zehen (Katzenpfoten) und runden, zähen, elastischen Ballen. Die Zehennägel sind schwarz oder weiß beim schwarz getupften Farbschlag beziehungsweise braun oder weiß beim braun getupften.

Gangwerk, Bewegung: Völlig gelöster Bewegungsablauf und regelmäßige, kraftvolle, rhythmische Bewegung mit ausgreifendem Schritt. Von hinten gesehen bewegen sich die Läufe parallel, die Hinterhand in der Spur der Vorderhand tretend. Kurze Schritte und paddelnde Bewegung sind fehlerhaft.

Haarkleid: Kurz, hart, dicht, glatt und glänzend.

Farbe: Die Grundfarbe ist rein weiß. Tiefschwarze Tupfen beim schwarzen Farbschlag und leberbraune beim braunen Farbschlag. Die Tupfen sollen nicht ineinanderlaufen, rund, klar begrenzt und gut verteilt sein. Die Größe soll zwischen 2 bis 3 Zentimeter im Durchmesser betragen. Die Tupfen am Kopf, an der Rute und an den Gliedmaßen sollen kleiner sein.

Größe, Gewicht: Die Ausgewogenheit der Proportionen ist von hoher Bedeutung.

Größe: Rüden: 56–61 cm, Idealgrößen 58–59 cm;
Hündinnen: 54–59 cm, Idealgrößen 56–57 cm
Idealgewicht: Rüden: ca. 27 kg; Hündinnen: ca. 24 kg

Fehler: Jede Abweichung von den vorgenannten Punkten muß als Fehler angesehen werden, dessen Bewertung im genauen Verhältnis zum Grad der Abweichung stehen sollte.

Zuchtausschließende Fehler:
Platten; Monokel; Dreifarbigkeit (schwarze und braune Tupfen auf demselben Hund); Lemon (zitronenfarbige bzw. bronzierte Tüpfelung); andere Pigmentfehler; Blau- und Birkauge; ausgesprochener Vor- und Rückbiß; Taubheit; Entropium, Ektropium; ausgesprochen ängstliches oder aggressives Verhalten.

N.B.: Rüden müssen zwei offensichtlich normal entwickelte Hoden aufweisen, die sich vollständig im Hodensack befinden.

KAPITEL 11

Zucht

Im Alter von vier Wochen ist die Welt noch in Ordnung.

Verbessern statt vermehren

Eine bildschöne Hündin, ein prächtiger Rüde, erfolgreiche Ahnen und ein vielversprechender Stammbaum können so manchen Hundebesitzer in Versuchung bringen, selbst »Superhunde« züchten zu wollen. Als Züchter trägt man aber nicht nur die Verantwortung für die Tiere, die zusätzlich auf die Welt kommen, sondern auch für den Erhalt und die Lebenstüchtigkeit der Rasse. Bevor Sie sich also entschließen, eine Hündin und einen Rüden zusammenzuführen, sollten Sie auch die eigenen Absichten hinterfragen. Neben soliden Kenntnissen über Vererbung, Verhalten, Biologie und Ernährung benötigen Sie auch gewisse juristische Kenntnisse. Außerdem sollten Sie sich klarmachen, daß erfolgreiche Eltern nicht unbedingt auch »Topbabys« produzieren und daß Sie auch für die Welpen, die nicht dem momentanen Standard entsprechen, die Verantwortung tragen. Sollte es Ihnen also nicht gelingen, einen liebevollen Besitzer für einen solchen Hund mit Mängeln zu finden, muß es selbstverständlich sein, daß er bei Ihnen ein Zuhause findet. Denn auch wenn man mit ihm nicht mehr weiterzüchten kann, ist er in erster Linie ein Lebewesen. Und auch ein Hund mit Platten, ein dreifarbiger oder einseitig hörender Dalmatiner kann Ihnen von seinem Wesen her der beste und liebste Kamerad sein.

Mit der seriösen Hundezucht erwirtschaftet man keine Reichtümer. Im Gegenteil, meist sind die Ausgaben höher als die Einnahmen. Nur mit ein bißchen Glück decken die Welpenpreise gerade einmal die Unkosten. Zwar ist die Liebhaberzucht steuerfrei (in der Regel bis drei Zuchthündinnen), aber ein Züchter kann die mit der Zucht verbundenen Kosten nicht als Steuerminderung geltend machen. Außerdem sollte sich jeder, der züchten möchte, auch unbedingt Gedanken darüber machen, ob alle Mitglieder der Familie damit einverstanden sind und ob genug Platz vorhanden ist, daß ein Zimmer nur für die Hunde zur Verfügung steht. Denken Sie auch daran, ob die Nachbarschaft weit genug weg wohnt, so daß es keine Probleme wegen des Hundegebells gibt.

Voraussetzungen

Die Zucht im VDH ist durch besonders strenge, tierschutzfreundliche Bestimmungen gekennzeichnet. Dabei gibt es übergreifende Richtlinien, die für alle Rassen gelten. Darüber hinaus erlassen die Rassehundevereine spezielle Bestimmungen für ihre Rasse.

Da Züchten immer ein Verbessern und kein Vermehren sein sollte, müssen Dalmatinerzüchter einmal im Jahr eine Fortbildungsveranstaltung besuchen. Die Zuchtstätte wird

Dalmatiner werden weiß geboren. Die Tupfen entwickeln sich im Laufe der 2. Lebenswoche.

Beim Züchter werden die Welpen regelmäßig gewogen.

von einem geprüften Zuchtwart des Dalmatinervereins abgenommen. Der Raum für Hündin und Welpen muß beheizbar sein und ein Fenster haben, und den Welpen muß ein Mindestauslauf zur Verfügung stehen, zu dem sie freien Zugang haben. Rüden und Hündinnen müssen auf mindestens zwei Ausstellungen mit der Bewertung vorzüglich oder sehr gut ausgestellt worden sein. Außerdem muß eine Zuchthündin mindestens 18 Monate alt sein. Bei der Zuchtzulassungsprüfung wird von einem Spezialrichter überprüft, ob der Hund ein mindestens durchschnittlich gutes Gebäude, Gangwerk und eine Fleckung hat. Da der Dalmatiner ein freundlicher Hund sein soll, wird bei dieser Prüfung außerdem die Umgänglichkeit mit Menschen und mit anderen Tieren genau überprüft. Neben dieser Wesensprüfung muß ein Dalmatiner ein Röntgenergebnis auf nicht Vorliegen stärkerer Formen der Hüftgelenksdysplasie vorweisen und eine Gehöruntersuchung, die bestätigt, daß er auf beiden Ohren hundertprozentig hört. Erst dann bekommt er die Zuchtzulassung.

Als Züchter trägt man auch die Verantwortung, für nicht ganz so »perfekte« Welpen einen Platz zu finden.

In Gesellschaft der Geschwister schmeckt's am besten.

So passiert »es«

Eigentlich sind sie für die Liebe geradezu geschaffen. Während Wildhunde erst mit zwei oder drei Jahren in die Geschlechtsreife kommen, pubertieren unsere Haushunde bereits zwischen dem 6. und 8. Monat. Auch Hündinnen werden in der Regel in diesem Alter zum ersten Mal läufig. Außerdem sind Haushunde mit einem stärkeren Sexualtrieb ausgestattet als ihre wilden Vorfahren. Hunde sind übrigens beim Liebesspiel besonders ausdauernd. Während beim Rind und beim Schaf nach weniger als einer Minute alles vorbei ist, dauert »es« beim Hund 15 bis 30 Minuten. Dabei schwillt der Penis an, und die Vaginalmuskeln ziehen sich zusammen: Hündin und Rüde hängen zusammen. Auf keinen Fall dürfen Sie die Tiere daher beim Deckakt gewaltsam auseinanderreißen, da das leicht zu Verletzungen führen und für die Tiere sehr schmerzhaft sein kann. Wie uns Menschen macht auch Hundeliebe meistens blind. Ein unbewachter Augenblick genügt und liebestolle Rüden und Hündinnen begeben sich auf Brautschau, um erst nach »getaner Tat« wieder zu Hause zu erscheinen. Und da bei der Partnerwahl der Geschmack der Hunde nicht immer dem des Besitzers oder dem Rassestandard entspricht, kann man sich von dem Ergebnis dann nur noch überraschen lassen.

Auch Hunde kommen in die Pubertät

Während der geschlechtlichen Entwicklungsphase verändert sich auch das Verhalten der Tiere. Rüden zeigen eine Tendenz zur Aggressivität und sind lebhafter als Hündinnen, außerdem wird ihre Stimme tiefer. Schließlich entwickelt sich ein typischer Geschlechtstrieb, der bei Rüden etwas früher einsetzt als bei Hündinnen. Während Rüden einen permanenten Geschlechtstrieb haben, zeigen ihn Hündinnen nur in der Zeit der Läufigkeit.

Läufigkeit

Hündinnen werden im Durchschnitt mit acht Monaten das erste Mal läufig. Der Zeitpunkt kann aber nicht nur von den Erbanlagen, sondern auch von Klima, Licht, Fütterung und Haltungsbedingungen beeinflußt werden. So werden manche Hündinnen bereits mit sechs Monaten, andere wiederum erst mit 15 Monaten geschlechtsreif. Auch die Abstände zwischen den Zyklen sind daher von Hündin zu Hündin verschieden.

Bleibt bei jüngeren Hunden die Läufigkeit einmal aus, besteht in den meisten Fällen kein Grund zur Sorge. Vor allem in der kälteren Jahreszeit kann sich der Termin um einige Wochen verschieben. Außerdem kann die Läufigkeit auch manchmal so schwach ausfallen, daß sie selbst erfahrenen Hundehaltern entgeht. Wenn Sie sich über den genauen Zyklusstand Ihres Vierbeiners informieren wollen, können Sie diesen bei einem erfahrenen Kleintierpraktiker durch einen Scheidenabstrich feststellen lassen.

Die Läufigkeit findet in mehreren Phasen statt. Die Vorbrunst dauert etwa 10 Tage. Erste Anzeichen sind, daß die Hündinnen vermehrt Harn absetzen, um durch die enthaltenen Duftstoffe alle Rüden der Umgebung anzulocken. Sie lecken sich häufiger, und aus der Scheide tritt zunächst ein klarer, später ein blutiger Ausfluß. Daher sollten Sie sich frühzeitig im Zoofachhandel »Monatshöschen« besorgen. Außerdem beginnt sich jetzt die »Herrenwelt« vermehrt für die Damen zu interessieren, bisweilen schon einige Zeit bevor die Scham anschwillt. Manche Hündinnen werden in dieser Zeit ziemlich launisch oder lehnen ihr Hinterteil einladend an das Bein des Besitzers. Aber erst während der Hochbrunst ist die Hündin paarungsbereit, normalerweise zwischen dem 9. und 14. Tag. Aber auch hier kann es starke individuelle Verschiebungen geben. Ein Progesteron-Bluttest beim Tierarzt ermittelt den genauen Tag, an dem die Hündin empfängnisfähig ist. Nach der Hochbrunst klingt die Läufigkeit ab. Zwar hat die Hündin immer noch Anziehungskraft auf Rüden, sie selbst aber läßt keinen mehr an sich heran. Durch Gestagenspritzen (weibliches Hormon) kann zwar der Anstieg des Östrogens und somit die Blutung verhindert werden, mehrmalige Hormonspritzen ziehen jedoch leicht eine Gebärmuttervereiterung nach sich. Außerdem besteht eine größere Gefahr von Gesäugetumoren.

Vorsicht! ⚠

Auf dem Höhepunkt der Hitze helfen Sprays oder Chlorophylltabletten, die Rüden von der »heißen« Spur ablenken sollen, meist nichts mehr.

Scheinträchtigkeit

Etwa 15 bis 50 Prozent aller nicht kastrierten Hündinnen werden scheinträchtig. Wenn nach der Läufigkeit der Progesteronspiegel nicht absinkt, stellt sich der Körper um. Die Hündin bekommt mehr Appetit, wird träge, die Milchdrüsen beginnen zu wachsen, und eine Hündin kann mitunter sogar wochenlang Milch produzieren. Diese Scheinträchtigkeit beginnt etwa vier bis neun Wochen nach der letzten Läufigkeit. Die Hündinnen werden unruhig und reizbar, manche neigen zu Unsauberkeit, entwickeln neue Freßgewohnheiten, sammeln Spielsachen oder Kissen ein, schleppen sie in ihre »Kinderstube« und behandeln sie wie Welpen. Andere wiederum verlieren jegliches Interesse und liegen nur noch apathisch in der Ecke. Diese Verhaltensänderung dauert meist zwei bis drei Wochen. In leichteren Fällen können Sie die Hündin ablenken, indem Sie die Spielsachen wegräumen, die Futterzeiten ändern und für viel Bewegung sorgen. Gibt die Hündin Milch ab, müssen Sie aufpassen, daß sie sich nicht selbst besaugt. Drücken Sie nicht an den Zitzen, da auch dies die Milchproduktion anregt. Normalerweise bildet sich das Gesäuge innerhalb weniger Tage zurück. Kühlende Salben und Umschläge lindern das Druckgefühl während des »Trockenstellens«. Der Tierarzt kann die Milchbildung auch durch sogenannte Prolaktinhemmer im Futter unterdrücken. Entzünden sich die Zitzen, helfen meist nur mehr Antibiotika.

Wenn eine Hündin nach jeder Läufigkeit scheinträchtig wird, ist es wahrscheinlich besser, sie zu kastrieren. Kinderlose, nicht kastrierte Hündinnen bekommen häufiger Tumoren als Hunde, die mehrfach Junge gesäugt haben. Gesäugetumoren sind mit über 20 Prozent der häufigste Tumor bei Hündinnen und leider in 50 bis 70 Prozent der Fälle bösartig. Sie wachsen sehr schnell und können auch Metastasen an Haut und Lunge bilden.

Tip

Während der Läufigkeit sollten Sie Ihre Hündin nur angeleint ausführen und nie allein im Garten lassen. Wenn Sie mit dem Auto zur Hundewiese fahren und die Hündin zum Haus hinein- und hinaustragen, verlieren die Rüden ihre Spur.

Endlich ist es soweit

Frühestens ab der 4. Woche kann der Tierarzt feststellen, ob eine Hündin trächtig ist. Durch das Abtasten des Bauchraums fühlt er vom 21. bis 35. Tag die Welpenbläschen. Danach wird die Gebärmutter immer schlauchförmiger, und die Trächtigkeit läßt sich nicht sicher von einer Gebärmuttervereiterung unterscheiden. Auch wenn die Hündin während ihrer Trächtigkeit für mehr als einen fressen muß, dürfen Sie nicht den Fehler begehen, es zu gut mit ihr zu meinen. Eine dicke Hündin bekommt nur Probleme bei der Geburt. Die ersten vier oder fünf Wochen füttern Sie am besten ganz normal. Danach können Sie eine Eiweißmahlzeit zusätzlich geben, z. B. Quark, Hüttenkäse, gutes Muskelfleisch oder einmal pro Woche gekochten Fisch und vom Tierarzt verschriebene Vitamin-Mineralstoff-Präparate. Einfacher sind natürlich Fertigprodukte, die speziell auf den Bedarf trächtiger Hündinnen abgestimmt sind. Die Hündin nimmt bis zur Geburt um 15 bis 25 Prozent ihres Gewichts zu. Sie braucht jetzt

Hundezucht ist eine verantwortungsvolle Aufgabe.

auch mehr Futter, das Sie auf mindestens zwei Mahlzeiten verteilen sollten, da sie mit vielen Jungen im Bauch nicht so viel auf einmal fressen kann. Außerdem braucht sie jetzt viel Bewegung. In den letzten vier Wochen nimmt die Hündin sichtbar zu und wird träger. Die Tragzeit kann zwischen 56 und 70 Tagen liegen, in der Regel aber werfen Dalmatiner 63 Tage nach dem Deckakt. Im Durchschnitt werden acht Welpen geworfen. Da Dalmatiner aber zu großen Würfen neigen, können es durchaus auch einmal 15 oder 16 Welpen sein.

Bereiten Sie schon frühzeitig eine stabile Wurfkiste vor, und stellen Sie diese in einen ruhigen Raum mit Familienanschluß. Zeigen Sie der künftigen Hundemutter das Lager, und setzen Sie sich immer wieder einige Zeit neben sie, damit sie sich heimisch fühlt. Für den Boden eignet sich ein wetterfester Gartenbelag, über den kochfeste Handtücher oder Leintücher gelegt werden. Einige Tage vor der Geburt werden die meisten Hündinnen etwas schlapp. Das Gesäuge vergrößert und rötet sich, die Hündin frißt weniger. Zwischen fünf Tagen vor und einem Tag nach der Geburt schießt dann die Milch in die Zitzen ein. Etwa 24 Stunden vor der Geburt fängt die Hündin mit dem Nestbau an, rund zwölf Stunden später frißt sie nichts mehr, sie will dauernd nach draußen, zerwühlt ihr Lager und möchte gestreichelt werden. Bleiben Sie jetzt unbedingt in der Nähe. In den ersten sechs bis zwölf Stunden öffnen sich die Geburtswege, dann setzen die Wehen ein. Die Hündin öffnet die Fruchthülle der Welpen selbst mit ihren Schneidezähnen und leckt Kopf und Körper frei. Dann beißt sie die Nabelschnur durch und frißt die Nachgeburt. Meist kommen die Welpen im Abstand von 30 Minuten zur Welt. Manchmal liegen aber auch nur einige Minuten oder mehrere Stunden dazwischen. Bleiben Sie auf jeden Fall dabei, bis alle Babys da sind, so daß

Mit 12 bis 14 Tagen öffnen sich die bis dahin fest verschlossenen Augen, und die kleinen Dalmatiner »erblinzeln« zum erstenmal das Licht der Welt. Die Welpen sind jetzt kontaktbereit, und für sie beginnt eine sehr sensible, kritische Lebensphase, in der sie für ihr ganzes Leben geprägt werden.

Mit der 8. Woche setzt dann wiederum eine tiefgreifende Veränderung im Hundeleben ein. Anfangs zu jedem gleichermaßen freundlich, fangen die Welpen nun an zu fremdeln. Die Trennungsphase ist eingeleitet. Jetzt wird es Zeit, daß die Kleinen aus dem Haus gehen und einen neuen Lehrmeister bekommen. Und den sollten Sie sehr genau unter die Lupe nehmen.

Ein quirliger Wonneproppen – Punkt für Punkt

sie im Notfall den Tierarzt rufen können. Normalerweise zeigt die Hündin durch ihr Verhalten, daß alle Kinder wohlbehalten auf dieser Welt gelandet sind. Sie entspannt sich, legt sich auf die Seite und stupst die Kleinen zurecht, damit sie trinken können.

Lassen Sie der frisch gebackenen Familie nun etwas Zeit für sich. Geben Sie dann der Mutter etwas zu trinken und die Möglichkeit, kurz nach draußen zu gehen. In der Zwischenzeit können Sie das Wurflager mit frischen Tüchern auslegen. Wiegen Sie die Kleinen, notieren Sie die besonderen Kennzeichen der Welpen und möglichst auch die Wurfreihenfolge. Die ersten drei Wochen ihres Lebens haben die kleinen Hundebabys dann nur zweierlei Interessen – schlafen und trinken. Bereits nach zwei Wochen haben sie ihr Geburtsgewicht von rund 300 g verdreifacht.

Zuchtdaten

1. Läufigkeit
zwischen 8 und 16 Monaten

Dauer der Läufigkeit
4 Wochen

aufnahmefähig
9. bis 14., mitunter bis 21.Tag

Trächtigkeit
56 bis 70, meist 63 Tage

Wurfgröße
2 bis 16, durchschnittlich 8

Anzahl der Zitzen
10, mitunter 11

Zusatznahrung
ab der 3.Woche

Absetzen der Welpen
mit 6 bis 8 Wochen

KAPITEL 12

Wenn Dalmatiner in die Jahre kommen

Er steht in der Blüte seines Lebens.

Tip
Wirkstoffe wie Propentofyllin können Durchblutung und Sauerstoffversorgung des Gehirns, des Herzens und auch der Skelettmuskulatur verbessern. Auch Pflanzenpräparate wie reines Knoblauchöl können den Altersprozeß hinauszögern. Fragen Sie Ihren Tierarzt.

Während wir Menschen uns mit zunehmendem Alter mitunter nach dem Motto »Je oller – je doller« gebärden, passen sich unsere Vierbeiner in ihrem Verhalten den langsam schwindenden Körperkräften an und nehmen das Älterwerden und Sterben ganz einfach hin.

Beim Dalmatiner beginnen die ersten Altersbeschwerden etwa ab dem 8. bis 10. Lebensjahr. Sehkraft und Hörkraft lassen nach, die Bewegungen werden langsamer und steifer, und das Aufstehen fällt schwerer, der Appetit läßt nach, und das Fell wird dünner und verliert an Glanz. Die verminderte Anpassungsfähigkeit älterer Tiere führt zu einer erhöhten Krankheitsbereitschaft. Jetzt rächen sich auch die Jugendsünden. Denn im Alter summieren sich die Krankheiten, die in früheren Jahren aufgetreten sind und nicht richtig ausgeheilt wurden, mit Krankheiten, die in jedem Alter auftreten können, und mit Krankheiten, die vorwiegend im Alter auftreten. Das Altersherz wird leider oft erst spät erkannt. Schnelles Ermüden beim Spaziergang, angestrengte Atmung, eine blaue Zunge und Husten sind Warnsignale. In den letzten Jahren hat die Diagnostik vor allem durch Ultraschalluntersuchungen rapide Fortschritte gemacht.

Zwar wird ein altes Herz nicht wieder jung, aber mit Hilfe der richtigen Medikamente kann man es entlasten und dem Vierbeiner eine bessere Lebensqualität bieten.

Zwar braucht auch ein Dalmatinersenior noch Bewegung und frische Luft, Gewalttouren aber sollten Sie auch einem gesunden Dalmatiner nicht mehr zumuten. Auch die Ernährung muß auf die Veränderung des Stoffwechsels umgestellt werden. Wie für uns Menschen gibt es auch für Hunde Geriatrika, Aufbaupräparate, die v. a. Vitamine, Mineralstoffe und Protein enthalten. Sie sind jedoch keine Wundermittel oder gar ein Jungbrunnen, sondern helfen nur, wenn der Vierbeiner an einem der Inhaltsstoffe Mangel leidet.

Für uns Menschen ist es oft nicht einfach, mit ansehen zu müssen, wie der einstige »Springinsfeld« zunehmend an Lebenskraft verliert. Versuchen Sie, Ihrem Vierbeiner die letzte Zeit seines Lebens so angenehm wie möglich zu machen. Er wird Ihre liebevolle Fürsorge sicherlich dankbar annehmen und in den meisten Fällen ganz einfach einschlafen. Muß er allerdings starke Schmerzen leiden, sollten Sie mit dem Tierarzt besprechen, ob es nicht humaner ist, ihn einzuschläfern. Um dem Hund den Streß des Transportes zu ersparen, wird er in diesem Fall bestimmt gerne einen Hausbesuch machen. Auch wenn Sie Angst davor haben, sprechen Sie liebevoll mit Ihrem treuen Wegbegleiter, streicheln Sie ihn und lassen Sie ihn in seiner letzten Stunde auf keinen Fall allein. Der Arzt wird ihm zunächst ein Schlafmittel geben, so daß er ganz sanft hinüberdämmert.

Fröhliches Spielen hält jung.

Lassen Sie Ihren treuen Freund in seiner letzten Stunde in keinem Fall allein. Er würde immer bei Ihnen bleiben, wenn er könnte.

Der letzte Weg

Für viele Hundebesitzer ist es einfacher, über den Verlust hinwegzukommen, wenn sie das Grab ihres einstigen Gefährten besuchen können. Während in Österreich das Begraben von Kleintieren im eigenen Garten verboten ist, erlauben es die meisten Gemeinden in Deutschland. Genaue Auskünfte über die Vorschriften in der jeweiligen Gemeinde bekommen Sie vom Amt für Öffentliche Ordnung oder der Gemeindeverwaltung. Mittlerweile gibt es auch in vielen deutschen Städten Tierfriedhöfe, die meistens von Tierschutzvereinen geführt werden oder mit ihnen zusammenarbeiten. Da der Andrang sehr groß ist, wird aber außer den Gebühren für Bestattung und Grabpacht meist auch die Mitgliedschaft verlangt. Außerdem bieten einige private Bestattungsunternehmen gegen entsprechende Bezahlung auch verschiedene Sargmodelle, den Transport des verstorbenen Tieres zum Tierfriedhof und sogar die Traueransprache eines »Tierpfarrers« an.

Die Einäscherung von Haustieren gibt es in Deutschland bisher nur in München. Im Tierkrematorium des Tierheims können auch Nicht-Mitglieder ihren Vierbeiner einäschern lassen. Außerdem besteht die Möglichkeit, Krematorien in Holland zu nutzen. Die Tierklinik Schwedelbach vermittelt diese Feuerbestattungen. Gegen einen Aufpreis bekommt man die Asche in einer Urne zurück.

Tierfreunde in der Schweiz haben zwar nicht die Möglichkeit, ihr Tier auf einem Tierfriedhof zu bestatten, hier gibt es jedoch zwei Tierkrematorien, die die Einäscherung übernehmen. Gegen Gebühr wird innerhalb der Schweiz auch der Hin- und Rücktransport übernommen.

KAPITEL 13

Ihr gutes Recht

Für den Fall der Fälle sollten Sie eine Haftpflichtversicherung für Ihren getupften Freund abschließen.

Seit September 1990 gilt ein Hund rechtlich nicht mehr als Sache. Diese Aufwertung hat auch einige Veränderungen in der Rechtsprechung nach sich gezogen.

Schadenersatzansprüche: Wer einen Hund, gleich welchen Alters, verletzt, muß für Schadenersatz aufkommen, Tierarztkosten und alle mit dem Vorfall verbundenen Kosten bezahlen.

Nutzungsausfall: Fällt ein für eine Person wichtiger Hund plötzlich aus, muß der Schädiger dem Halter den Nutzungsausfall zahlen. Dies kann z. B. bei Blindenhunden, Drogensuchhunden oder Rettungshunden der Fall sein. Mitunter ist ein Diensthund sogar unersetzlich, da kaum ein passender »Leihhund« gefunden werden kann. (Urteil vom 3. März 1989, Amtsgericht Marburg/Lahn. AZ.: 9 C 1001/88)

Schmerzensgeld: Anspruch auf Schmerzensgeld hat ein verletztes Tier nicht.

Pfändungsschutz: Liebhabertiere sind nicht mehr pfändbar. Ein überaus teurer Zuchthund oder ein äußerst wertvolles Tier, bei dem die Unpfändbarkeit für den Gläubiger eine besondere Härte darstellen würde, kann allerdings auch nach neuerer Rechtsauffassung gepfändet werden. Ausnahmen sind Blindenhunde und Hunde, die für den Halter aus einem anderen Grund unentbehrlich sind.

Mieterschutz: Der Vermieter muß für ein Hundeverbot gewichtige Gründe vorlegen. In einem Mehrfamilienhaus wird Gebell oder eine zu erwartende Lärmbelästigung durch

Nicht alle Hunde vertragen sich so gut.

Gebell als solcher Grund von Gerichten akzeptiert. Das Halten eines leisen Kleinhundes oder eines Hundes in einem freistehenden Einfamilienhaus wird von den Gerichten immer öfter als normal, nicht störend und damit auch als nicht verbietbar angesehen.

Hundesteuer: Vor fast 190 Jahren wurden in Preußen erstmals Pferde und Hunde als »Luxusgüter« besteuert. Während die Pferdesteuer irgendwann wieder abgeschafft wurde, ist uns die Hundesteuer als Relikt aus dieser Zeit bis heute geblieben.

Arbeitsplatz: Wenn Sie nicht gerade einen Dienst- oder einen Blindenhund an Ihrer Seite haben, gehört das Mitbringen eines Vierbeiners an den Arbeitsplatz nicht zum Job. Wenn Sie es dennoch dürfen, ist es ein freundliches Entgegenkommen Ihres Chefs. Ein Firmenchef darf wesentlich willkürlicher entscheiden, ob ein Hund in seinen Räumen erlaubt ist, als ein Vermieter. Er muß dabei auch nicht nach einem Gleichheitsprinzip handeln, sondern kann frei entscheiden, wer seinen Hund mitbringen darf und wer nicht und wie viele Hunde pro Abteilung erlaubt sind. Er kann auch das Mitbringen eines Tieres mit sofortiger Wirkung verbieten. Hat ein Chef aber das Tier über längere Zeit hinweg geduldet und hat sich zwischenzeitlich nichts Wesentliches am Arbeitsplatz verändert, darf er das weitere Mitbringen eines unauffälligen, braven Hundes nicht willkürlich verbieten. (Amtsgericht Heidelberg, Az.: 5 Ca 454/91)

Haftpflichtversicherung

Insgesamt werden in Deutschland pro Jahr rund 300.000 Haftpflichtschäden den Versicherungen gemeldet. Im Gegensatz zu den anderen Haustieren tritt hier allerdings nicht die Privathaftpflicht des Besitzers ein, sondern Sie sollten auf alle Fälle eine spezielle Hundehalter-Haftpflichtversicherung abschließen. Die meisten deutschen Haftpflichtversicherer bieten diesen zusätzlichen Service an. Dabei lohnt es sich, die Beiträge der einzelnen Versicherungen zu vergleichen. Im Schnitt liegen sie zwischen DM 80.– und DM 200.– im Jahr.

Tierkranken-Versicherung

Die verantwortungsbewußte Haltung eines Tieres kostet Geld. Neben Anschaffung, Erstausstattung und Futter sind es vor allem Tierarztkosten, die das Familienbudget belasten können. Wird ein Hund ernstlich krank, so können die Behandlungskosten durchaus »menschliche Dimensionen« annehmen. Um sich gegen solche Probleme abzusichern, können Hundehalter eine Krankenversicherung für ihr Tier abschließen. In Deutschland gibt es derzeit zwei Versicherungsgesellschaften, die diesen Versicherungsschutz anbieten. Beide Unternehmen gehören zu alteingesessenen Versicherungsgesellschaften, haben aber unterschiedlich lange Erfahrungen auf diesem speziellen Sektor und auch verschiedene Tarife.

Erstattet werden je nach Beitragssatz und Deckung (für alle Tierarztkosten ambulanter und stationärer Behandlung von Unfallfolgen bzw. bei höherem Beitragssatz auch für Krankheiten) die Tierarztkosten sowie die Kosten für regelmäßige Gesundheits-Checks, Impfungen, Wurmkuren (teilweise begrenzt), Kastration oder Sterilisation, Beratungen, Verhaltenstherapie und homöopathische Behandlungen. Enthalten ist ebenfalls ein zweimonatiger Auslandsschutz innerhalb Europas. Zusätzlich kann auch eine Krankenhaustagegeldversicherung abgeschlossen werden. Aufgenommen werden Hunde im Alter von vier Monaten bis fünf Jahren bzw. zwischen zwölf Wochen bis einschließlich fünf Jahren.

KAPITEL 14

Anhang

Verbände

Der *Deutsche Dalmatiner-Club von 1920 e.V.* ist der erste anerkannte Rassehundezuchtverein für diese Rasse. 1920 in Ettlingen bei Karlsruhe gegründet, ist es seither das Ziel des Vereines, »die Rasse zu erhalten und in Schönheit, Gesundheit und Wesen zu verbessern«. Zum 01.07.1990 wurde zwischen dem Deutschen Dalmatiner-Club von 1920 e.V. und dem nach dem Zerfall der Spezial-Zuchtgemeinschaft für Dalmatiner in der staatlichen Organisation der ehemaligen DDR gegründeten DC von 1990 e.V. ein Fusionsvertrag beider Verbände geschlossen und ein Arbeitsausschuß eingerichtet, um die Einzelfragen zur Zucht, zum Mitgliederwesen und Ausstellungswesen zu klären. Heute hat der Verein rund 1500 Mitglieder. Die Welpenvermittlungsstelle vermittelt Adressen seriöser Hobbyzüchter. Das Verbandsorgan ist die *Dalmatinerpost.*

Deutscher Dalmatiner-Club von 1920 e.V.
Alfred und Sigrid Ronneburg
Poppenweiler Straße 16
71672 Marbach
Tel. 07144/6346

Der *Club für Dalmatiner-Freunde e.V. (CDF)* besteht seit 1987 und hat bundesweit etwas über 600 Mitglieder. Mittlerweile wurde der 1000. Welpe in das Zuchtbuch eingetragen. Der Verband ist ebenfalls Mitglied des VDH und der FCI. Seine Verbandszeitschrift ist das *Dalmatiner-Journal*

Club für Dalmatiner-Freunde e.V.
Peter Cladders
Im Kirchwinkel 4
47509 Rheurdt
Tel. 02845/60140

Der *Dalmatiner Verein Deutschland e.V.* wurde am 27.7.1988 von 12 Hundefreunden gegründet. Seit 1991 ist er volles Mitglied im VDH. Inzwischen gehören dem Verein rund 360 Mitglieder an. Der Dalmatiner Verein veranstaltet sechs Schauen und sechs Zuchtzulassungsveranstaltungen im Jahr und gibt den *Dalmatiner-Kurier* heraus.

Dalmatiner Verein Deutschland e.V.
Günther Vogg
Am Hart 3
82256 Fürstenfeldbruck
Tel. 08141/44561

Der *Österreichische Dalmatiner Club* besteht seit 1970 und hat derzeit rund 350 Mitglieder. Im ganzen Bundesgebiet werden jährlich rund 70 bis 90 Welpen geboren. Der Verein organisiert zahlreiche Ausstellungen und Mitgliedertreffen und gibt als Mitgliederzeitschrift den *Dalmatiner Aktuell* heraus.

Österreichischer Dalmatiner Club
Tryn-Eugenie Borckenstein-Quirini
A-8291 Burgau 75
Tel. 0043/3383/2605

Der *Schweizerische Dalmatiner Club (SDC)* besteht seit 1954 und hat derzeit rund 560 Mitglieder. Neben der Reinzucht der Rasse sind die Förderung der Haltung und Verbreitung des Dalmatiners in der Schweiz und Liechtenstein und die Durchführung von Ausstellungen und Leistungsprüfungen wichtige Ziele des Verbandes.

Schweizerischer Dalmatiner Club
(SDC)
Ingrid Knöpfel
Hauptstr. 1
CH-8557 Hefenhausen
Tel. 0041/71/6572490

Wichtige Adressen

ANIS Animal Identity Service
Länggaßstr. 8
CH-3012 Bern
Tel. 0041/31/3073530

Bundesverband Tierschutz e.V.
Freundeskreis betagter Tierhalter
Walpurgisstr. 40
47441 Moers
Tel. 02841/25244
Fax 02841/26236

BRH Bundesverband für das
Rettungshundewesen e.V.
Kronenstr. 5
73275 Ohmden
Tel. 0172/7302800

Deutsche Gesellschaft der
Tierheilpraktiker
Husemannstr. 25-27
45879 Gelsenkirchen
Tel. 0209/201313

Gewerkschaft für Tiere e.V.
Promenadenplatz 12
80333 München

Deutscher Tierschutzbund e.V.
Baumschulallee 15
53115 Bonn
Tel. 0228/6049610
Fax 0228/6049641

Deutscher Verband der
Gebrauchshundesportvereine e.V.
Gustav-Sybrecht-Straße 42
44536 Lünen
Tel. 0231/87949
Fax 0231/8770813

IFTA Internationale Zentrale
Tier-Registrierung
Weiherstr. 8
88145 Hergatz
Tel. 08385/92120
Tel. 0180/5213402

Institut für Bach-Blüten-Therapie
Lippmannstr. 57
22769 Hamburg
Tel. 040/43257710
Fax 040/435253

Kommission Agility, Mobility und Obedience
Liliane Bingelli
Waldrain II
CH-2532 Magglingen

Mobile Tierrettung
Falkensteiner Straße 11
94118 Jandelsbrunn
Tel. 08581/96160

Österreichischer Kynologenverband
Johann-Teufel-Gasse 8
A-1238 Wien
Tel. 0043/1/88870920

Schweizerische Gesellschaft für den Tierschutz »PRO TIER«
Alfred-Escher-Str. 76
CH-8002 Zürich
Tel. 0041/1/2012503
Fax 0041/1/2012623

Schweizerische Kynologische Gesellschaft SGK
Länggaßstr. 8
CH-3012 Bern
Tel. 0041/31/3015819

Schweizer Tierschutz STS
An der Birsfelder Str. 45
CH-4052 Basel
Tel. 0041/61/3611515
Fax 0041/61/3611516

TASSO
Haustierzentralregister für die BRD e.V.
Frankfurter Str. 20
65795 Hattersheim
Tel. 06190/932214
Fax 06190/5967

Verband für das Deutsche Hundewesen e.V. (VDH)
Westfalendamm 174
44141 Dortmund
Tel. 0231/565000
Fax 0231/592440

Vereinigung Deutscher Haushüter-Agenturen
Feldkamp 4
48165 Münster
Tel. 02501/7171

Zentrales Haustierregister des Deutschen Tierschutzbundes s. o.

Tierfriedhöfe/Krematorien

Deutschland:

Gretel-König-Tierfriedhof Bad Homburg
Kaiser-Friedrich-Promenade 22
61348 Bad Homburg
Tel. 06172/84557

Tierfriedhof Bayreuth
Balthasar-Neumann-Str. 9
95444 Bayreuth
Tel. 0921/61895

Tierschutzverein Berlin
Dessauer Str. 21
12249 Berlin-Lankwitz
Tel. 030/7799000

Tierfriedhof Braunschweig
Tierschutzverein Braunschweig
Biberweg 30
38114 Braunschweig
Tel. 0531/500006

Tierfriedhof Dortmund Kley
Karin Denkema
Ernestineweg 1
Verwaltung:
Auf dem Holte 34
44879 Bochum
Tel. 0234/493202

Tierfriedhof Duisburg
Müller
Koloniestraße/Alte Lotharstraße
47057 Duisburg
Tel. 0203/706721

Tierfriedhof Göttin
(bei Brandenburg)
E. Holzheier
Reckahner Str. 11
14776 Göttin
Tel. 03381/663225

Tierfriedhof Hamburg
Wilstedter Weg 133
22417 Hamburg
Verwaltung:
Wellingsbütteler Landstraße 132
22337 Hamburg
Tel. 040/590675/5292525
Fax 040/591355

Tierfriedhof Herzberg
Dieter Mackensen
Lunkstein 1
37412 Herzberg
Tel. 05521/2212

Tierfriedhof Holm
Wittmoorweg 1
25488 Holm
Tel. 04103/89762/6372

Tierfriedhof Karlsruhe
Tierschutzverein Karlsruhe
Hermann-Schneider-Allee 20
76189 Karlsruhe
Tel. 0721/572152

Tierfriedhof Karlsruhe-Erlenbach
Walter Ott
Hopfenstr. 18
76185 Karlsruhe
Tel. 0721/573901

Tierfriedhof Krefeld
Monika Kamps
Marienstr. 84
47807 Krefeld
Tel. 02151/303629

Tierfriedhof Lichtenfels
Hans Raimann
Eichenweg 1a
96215 Lichtenfels
Tel. 09571/3875

Tierfriedhof Mainz
Tierschutzverein Mainz
Zwerchallee 13–15
55120 Mainz
Tel. 06131/687066

Tierfriedhof Mönchengladbach
W. Karls
Kreuzherrenstr. 14
41189 Mönchengladbach
Tel. 02166/51953

Krematorium München
Tierschutzverein München
Riemer Str. 270
81829 München
Tel. 089/9210000

Kleintierfriedhof Münster-Handorf
Franz-Josef Schulze-Leusing
Sudmühlenstr. 167
48157 Münster
Tel. 0251/328422

Tierfriedhof Nürnberg
Stadenstr. 147
90491 Nürnberg
Tel. 0911/595983

Tierfriedhof Osnabrück
Maria Hulke
Rehmstr. 5
49080 Osnabrück
Tel. 0541/87331

Tierfriedhof Oyten
Uwe Mankowski
Lindheimer Str. 37
28876 Oyten
Tel. 04207/4219

Tierfriedhof Plauen
Tierschutzverein »Vogtland«
Kemmlerstraße
08527 Plauen
Tel. 03741/431349

Tierfriedhof Saarbrücken
Herr Philippi
Schillstr. 65 (A. S. S.)
66113 Saarbrücken
Tel. 0681/971300

Heide-Adam-Tierfriedhof Seesen
Albert-Schweitzer-Str. 43
38723 Seesen
Tel. 05381/2088

Tierfriedhof Seevetal
R. Gill
Oberer Heideschlickweg 44
21218 Seevetal
Tel. 04105/2544

Tierfriedhof Stuttgart
Bund gegen Mißbrauch der Tiere e.V.
Am Bergwald 6
70329 Stuttgart
Tel. 0711/424131

Tierfriedhof Timmaspe
Walter-Lorentsen-Tierfriedhof
24644 Timmaspe
Tel. 04392/5752

Tierfriedhof Uelzen
Tierschutzverein Uelzen
Neu-Ripdorf 54
29525 Uelzen
Tel. 0581/15170

Österreich:

Oberösterreichischer Tierfriedhof Traun
Grinninger Str. 21
A-4050 Traun
Tel. 0043/7229/4083

Tierfriedhof Wien
Assisi e.V.
Wielemannsgasse 13–23, Haus 3
A-1180 Wien
Tel. 0043/1/4798400
Tel/Fax 0043/1/4798808

Schweiz:

»Krematorium für Kleintiere«
Fraubüchliweg
CH-8309 Nürensdorf
Tel. 0041/1/8365958)

»Kleintier-Krematorium Seon AG«
Birren 23
CH-5703 Seon
Tel. 0041/62/7750552

Literatur

ALDINGTON, ERIC H. W.: Von der Seele des Hundes. Verlag Gollwitzer

BECK, PETER: Das Beste für meinen Hund, Kosmos 1995

BERGLER, PROF. DR. REINHOLD: Der Einfluß von Hunden auf das Verhalten von Jugendlichen in der Großstadt. Psychologisches Institut der Universität Bonn.

BERGLER, PROF. DR. REINHOLD: Mensch und Hund, edition aggripina 1986

BREHM, HELGA: Gesunde Ernährung für Hunde, Kosmos 1993

DURST-BENNING, PETRA und CAROLA KUSCH: Der große Spiele-Spaß für Hunde. 60 Spiele für drinnen und draußen, Kosmos 1997

FEDDERSEN-PETERSEN, DORIT: Hundepsychologie, Kosmos 1989

HART, BENJAMIN L. u. LYNETTE A.: Verhaltenstherapie bei Hund und Katze, Ferdinand Enke Verlag 1991

JONES, RENATE: Welpenschule leichtgemacht, Kosmos 1997

KAISER, HERMANN: Ein Hundeleben. Von Bauernhunden und Karrenkötern, Verlag Museumsdorf Cloppenburg 1994

MORRIS, DESMOND: Warum wedeln Hunde mit dem Schwanz? Wilhelm Heyne Verlag 1992

RÄBER, HANS: Enzyklopädie der Rassehunde, Kosmos 1993/95

ROSS, JOHN und BARBARA MCKINNEY: Hunde verstehen und richtig erziehen, Kosmos 1994

ROSS, JOHN und BARBARA MCKINNEY: Welpen-Kindergarten, Kosmos 1997

SIEBER, ILSE und ALDINGTON, ERIC H.W.: Hundezucht naturgemäß, Verlag Gollwitzer

ZEROBIN, K.: Physiologie der Fortpflanzung, Blackwell Verlag

Zeitschriften

Dalmatiner Aktuell. Zeitschrift des Österreichischen Dalmatinerclubs

Dalmatiner Journal. Zeitschrift des Club für Dalmatiner-Freunde e.V.

Dalmatiner-Kurier. Zeitschrift des Dalmatiner Verein Deutschland e.V.

Dalmatinerpost. Magazin des Deutschen Dalmatiner-Clubs von 1920 e.V.

Ein Herz für Tiere. Gong Verlag München

Partner Hund. Gong Verlag München

Alfred Ronneburg. 75 Jahre Deutscher Dalmatiner-Club von 1920 e.V.

Register

Abnehmen 44
Adressenkapsel 36
Aggressivität 110
Agility 11, 72
Ahnentafel 28
Akupressur / -punktur 96
Alleinbleiben 9, 55, 56
Alleinfutter 42
Altern 115
Andere Heimtiere 10, 34
Anschaffung 19
Apportieren 54
Aujeszkysche Krankheit 42
Ausgaben 20
Auslauf 10
Ausstellung 100
Autofahren 57
Autoreise 78

Babesiose 81, 91
Baby 59
Bach-Blüten 82
Bahnreisen 80
Bedürfnisse 10, 19, 35

Begattung 110
Begrüßung 55
Beschwichtigungsgehabe 64
Bestrahlung 97
Bewegungsdrang 10
Blasensteine 99
Bleib! 50
Borreliose 90
Bronzierung 104
Brunst 111

Charakter 9, 10, 19, 26
Checkliste / Hundesitter 83
Checkliste / Reise 84

Eigenschaften 9, 10
Eingewöhnung 33
Einschläfern 116
Eitriges Augensekret 38
Entwurmung 88
Ernährung 40
Erste Hilfe 93
Erwachsener Hund 30
Erziehung 46
Essensreste 41

Fahrrad 66, 67
Familienanschluß 28
Fehlverhalten 46
Fellsträuben 64
Fertigfutter 41, 42
Fitneßtraining 35
Flächensuchhund 76
Flegeljahre 54
Flohallergie 89
Flöhe 40, 89
Flugreisen 80
Flyball 75
Freilaufen 66
Frisbee 74
Frühsommer-Meningo-Enzephalitis (FSME) 90
Fuß! 49
Futterkosten 20
Futtermenge 43
Füttern auf Reisen 79

Garten 35
Gebiß 96
Geburt 113
Geburtsfarbe 103
Gehör 28, 62
Geländelauf 74
Geruchssinn 62
Gesichtssinn 62
Giardiose 81
Grab 117

Haftpflichtversicherung 119
Halsband 51
Haustier-Zentralregister 37
Hautprobleme 38, 99
HD 99
Herkunft 12
Hindernisparcours 70
Homöopathie 96, 97
Hüftgelenksdysplasie 99
Hundeerziehung 48
Hundefabriken 27
Hundefutter, selbstgekochtes 41
Hundeknigge 46
Hundeohren 64
Hundepension 82
Hundepflege 37
Hundeplatz 52
Hundeschule 48
Hundesitter 82
Hundesport 66
Hundesprache 62
Hundesteuer 20, 119
Hündin 20

Impfungen 85
Infektionen 81

Jagdhund 10, 15, 76
Jagdinstinkt 54
Jäger 15
Joggen 66

Kastration 93
Katastrophenhund 76
Kauen 54

Kauf 19
Kaufentscheidung 19, 22
Kaufvertrag 29
Kettenhalsband 51
Kinder 58, 59
Kinderfreundlichkeit 57
Knochen 43
Komm! 48
Körperhaltung 64
Körperpflege 37
Körpersprache 62
Kosten 20
Koten 48
Krallen 39
Krallenschneiden 39
Krankheiten 86, 87
Kupieren 14
Kutschenhund 15

Lächeln 65
Laufhund 66
Läufigkeit 21, 111
Lederhalsband 51
Leine 51
Leine, Aufroll- 52
Leine, Stop- Automatik 52
Leinenführigkeit 51
Leinenzwang 52
Lernwillen 9

Magendrehung 43
Magnetfeldtherapie 97
Mahl-»Zeiten« 42
Markieren 21, 35
Massage 97
Medikamenten-
verabreichung 95
Meer 80
Mieterschutz 118
Mikrochip 36, 37
Milben 92

Nagen 54
Neugeborene 59
Nierensteine 99
Nutzungsausfall 118

Ohren 38

Paarung 110
Parvovirose 86
Pfändungsschutz 118
Pflege 36
Pfötchengeben 65
Pfotenpflege 39
Phytotherapie 97
Pigmentierung 103
Platz! 50
Popularität 7, 8
Pubertät 110

Rassemerkmal 13
Rassestandard 104
Rauferei 64
Recht 118
Reduktionsdiät 44
Reise 77
Reisestreß 82
Reitbegleithund 11, 67
Reitbegleithundetraining 69
Revierkennzeichnen 35
Riechen 62
Rindfleisch, roh 42
Rude 20, 21
Rudel 54
Rute 63

Sanitätshund 77
Schadensersatz 118
Scharren 64
Scheinträchtigkeit 112
Schlafen 60
Schlafstörung 61
Schmerzensgeld 118
Schnee 76
Schock 93
Schockprobe 93
Schutzhundeprüfung 51
Schwarze Punkte 38
Schweinefleisch, roh 42
Sehen 62
Sitz! 49
Skijöring 75

Spielen 34, 52
Staupe 87
Streuner 21

Tätowierung 36
Taubheit 97
Tierkrankenversicherung 120
Tierfriedhof 117
Tierheim / Urlaub 82
Tierpension 82
Tiersitter 82
Tischreste 41
Titel 101
Tollwut 87
Trächtigkeit 112
Tragzeit 113
Tränenfluß 38
Transportbox 78
Traume 61
Trennungsschmerz 33
Trockenfutter 42
Tupfen 102

Überängstlichkeit 56
Übergewicht 44
Umwelttraining 54
Uratsteine 98
Urlaub 77

VDH 27
Verband für das Deutsche Hundewesen 27
Verbände 121
Verhalten 26, 53
Verletzungen 94
Verständigung 53
Verstopfung 43
Vierkampf 74
Vollnahrung 42

Wasserbedarf 81
Wedeln 64
Welpe 26
Welpenherkunft 28
Welpensterben 85
Wesen 9, 10
Würmer 87

Zahnbelag 95
Zahnbruch 43
Zahnhygiene 38, 95
Zahnvorsorge 95
Zecken 40, 90
Zucht 107
Zuchtdaten 114
Züchter 27
Zuchtvoraussetzung 108
Zuchtzulassung 109
Zwingerhaltung 10
Zwischenmahlzeiten 43